もう悩まない！

弁当は定番おかずのくり返しでいい

井原裕子

Gakken

今日は何にしようか？

お弁当の悩みは、何といっても「おかず」

あれもこれもと朝早くから頑張りすぎて、
お弁当作りがどんどん負担になっていませんか。
お弁当は一日の中の1食です。
足りないなーと思うものは、
夕ごはんや朝ごはんで補えばよいのです。

さらに**「マンネリ」という言葉に縛られていませんか。**
毎日違うものを、取っかえ引っかえ
食べたいわけではなく、**大好きなおかずなら**
「週1回」入っていても文句なし。
お弁当は、**好きなおかずのくり返しでいいんです。**

最近、マンネリ～
ボリュームは足りてる？
いつも茶色いおかずになっちゃう！

そこで考えました！

メインは定番おかず「10種類」あればいい！

この本ではメインのおかずは、
食べ慣れた味の10種類に限定しました。
10種類でもメニューの幅が広がるように、
味つけや素材を変えた**アレンジもあわせて紹介**。
定番ですから**みんなが好きな味、**
くり返しても飽きない味です。

メインを決めたら、
あとは**野菜のおかず、卵のおかず**から
数品を選んで組み合わせれば、**お弁当の完成！**

朝作りたてのおかずを入れたお弁当、
ことに普段から慣れ親しんだおかずの味は、
最高においしいものです。

今日も おいしかったよ！
また 作ってね～
やっぱり から揚げが好き♡

メインは、この定番おかず10種類だけ！

しょうが焼きや、から揚げ、ハンバーグなど、本当におなじみの定番おかず10種類です。どれも作りやすくて、汁けが出ないなどお弁当向きのもの。好きなおかずはどれ？

（定番おかず）1 豚肉のしょうが焼き

>>> P.14

しょうがの香りで
すっきりさっぱり

（定番おかず）2 野菜の肉巻き

>>> P.20

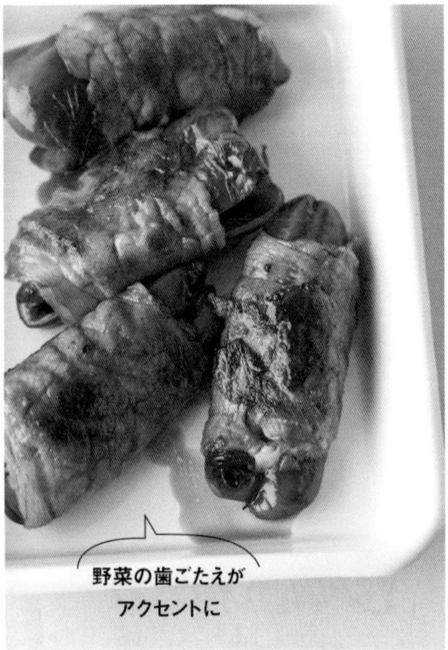
野菜の歯ごたえが
アクセントに

（定番おかず）6 鶏の照り焼き

>>> P.44

淡泊な鶏肉が
甘辛味で
ボリュームアップ

（定番おかず）7 ハンバーグ

>>> P.50

ふっくらジューシーに
濃厚ソースがからむ

定番おかず 3
ポークチャップ
››› P.26

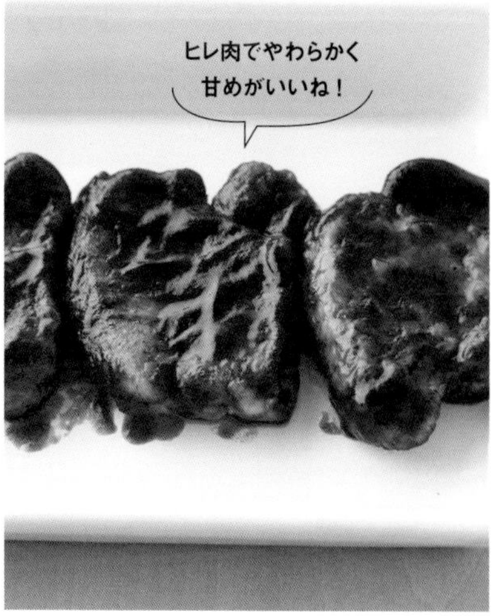
ヒレ肉でやわらかく
甘めがいいね！

定番おかず 4
とんかつ
››› P.32

カリッと揚がった
衣が香ばしい

定番おかず 5
鶏のから揚げ
››› P.38

外はサックリで、
中はジューシー

定番おかず 8
鶏つくね
››› P.60

鶏ひきつくねは
こんがり焼いて
香ばしく

定番おかず 9
鶏そぼろ
››› P.66

しっとり仕上げて
ご飯にのせたい

定番おかず 10
焼きざけ
››› P.72

シンプルに
魚のうまみを
味わう

あとは副菜（野菜と卵のおかず）を選びます

野菜は

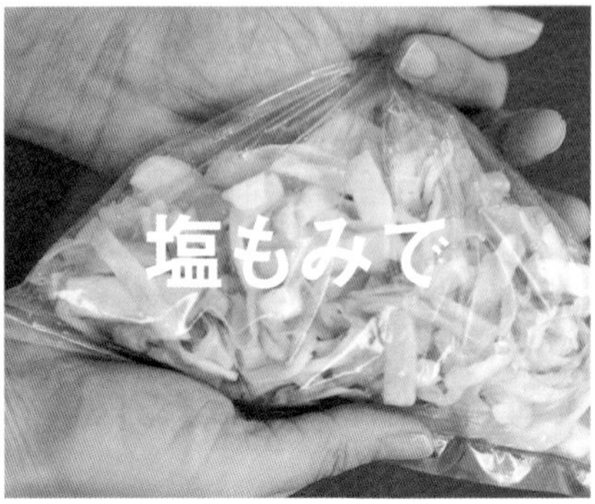

メインのおかずを引き立てる野菜のおかず。少量なので、電子レンジで加熱してさっと作ります。またはは野菜を切って薄く塩をした塩もみ野菜は、作りおきができて味変も楽しめますよ。どちらも、忙しい朝でもらく〜に作れます。

卵は1個で

ふんわりやさしい卵のおかずは、卵焼きと炒り卵が主役。どちらも無駄なく1個で作ります。卵焼きは具材を変えれば何通りにもアレンジができ、炒り卵は電子レンジで手早く作ります。あとはうずら卵の味玉も重宝しますよ。

時間とボリュームで組み合わせてお弁当に

この本では、主菜1品におすすめの副菜1〜3品を選び、おかず2〜4品を組み合わせたお弁当を紹介しています。食べる人の量や作る時間の余裕のありなしなどで、お弁当を考えるときの参考にしてください。

少し余裕がある、彩りアップしたいときは…

主菜
野菜のおかず1品
卵のおかず1品

軽く食べたい、時間がないときは…

主菜
野菜のおかず1品

ガッツリ食べたい、時間に余裕があるときは…

主菜
野菜のおかず2品
卵のおかず1品

野菜不足解消、ダイエットしたいときは…

主菜
野菜のおかず2品

1章 人気の定番おかず10とアレンジレシピ

3章 卵1個のおかず

この本の使い方

時短ができるコツを紹介

「朝ラクのコツ」では、前夜のうちにできることを紹介しています。調味料を合わせておくだけでも時短になります。全部でなくても、できることを準備しておくと、あわてずに作れるので朝のお弁当作りがラクになります。

おかずの組み合わせ例を参考にして

1章の主菜（アレンジを含む）に合わせ、副菜（野菜のおかずは2章から、卵のおかずは3章から）を選んで組み合わせ例を紹介しています。紹介した副菜はどの主菜にも合わせやすいものばかりですので、お弁当のおかずを決めるときの参考にしてください。

調味料を入れるときの注意点

1章の主菜のおかずは、必ずいったん火を止めて調味料を加えます。フライパンの中で調味料を混ぜ（写真a）、再び火をつけて具材に味をからめます(写真b)。こうすると小さなフライパンでも焦がさずに、じょうずに仕上がります。

この本の決まりごと

・材料はお弁当１人分で、作りやすい量になっています。詰める量は、食べる人に合わせて調節してください。

・小さじ１は５㎖、大さじ１は15㎖、ひとつまみは、親指、人さし指、中指の３本で軽くつまんだ量で、小さじ⅙くらいです。少量は親指と人さし指の２本でつまんだ量で、小さじ⅒くらいです。

・火加減は、特に表記がない場合は中火を基本としています。

・電子レンジの加熱時間は６００Ｗを基準にしています。５００Ｗなら１・２倍、７００Ｗなら０・８倍の時間で加熱してください。機種により加熱時間が異なりますので、取扱説明書の指示に従い、様子を見ながら加減してください。

・本書のレシピは、食材を洗う工程まで済ませてからの手順を紹介しています。適宜おこなってください。

・塩は粗塩、しょうゆは濃口しょうゆ、みりんは本みりん、酒は清酒、砂糖は上白糖です。油は米油など好みの植物油で、オリーブ油はエクストラ・ヴァージン・オリーブオイルを使用しています。

・ここで使用したお弁当箱は容量５００～６００㎖のものです。幼稚園児や食べ盛りの男子学生以外の、中高生～大人の１食分用です。

1章

人気の定番おかず10とアレンジレシピ

肉や魚で作るメインのおかずです。
慣れ親しんだ味はもちろん、作りやすくて汁けが出ないなど
お弁当向きのおかずベスト10。
また、味つけや素材を変えた**アレンジを紹介**しますので、
ときには主菜にちょっと変化をつけても。
なじみのあるおかずだから、くり返しても飽きることはありません。

今日は
ハンバーグが
主菜で〜す

定番おかず 1 ／ 豚肉のしょうが焼き

しょうがの香りで、すっきりさっぱり

ブロッコリーの
粒マスタードマヨ
→ P.84
豚肉の
しょうが焼き
→ P.15
塩もみにんじん
→ P.99
＋
ポン酢しょうゆ、
白炒りごま
ご飯
小梅の梅干し

甘辛味にしょうがの香りで後味さっぱり！
片栗粉をまぶして焼けば
味がしっかりからみ、冷めてもおいしい。
歯ごたえのよいブロッコリーと
にんじんを詰めて彩りもよい組み合わせ。

豚肉のしょうが焼き

材料（1人分）

豚肉しょうが焼き用…3枚（100g）
片栗粉…大さじ½
A
- 酒…大さじ1
- しょうゆ…大さじ⅔
- 砂糖…小さじ1
- おろししょうが…小さじ1

油…大さじ½

作り方

1 Aは合わせておく。

2 豚肉はキッチンばさみで筋を切り、片栗粉をまぶす。

3 フライパンに油を入れて中火で熱し、**2**を入れて弱めの中火で2分焼き、裏返して1分焼く。火を止めて**A**を加え、再び弱めの中火にかけ、豚肉を返しながら煮詰めて味をからめる。バットに取り出して冷ます。

point
粉で汚れないようにペーパータオルの上に片栗粉を広げ、両面にまぶす。

朝ラクのコツ

夜のうちにできること

筋切りをしておく
パックの中でキッチンばさみで筋を切り、再びラップをして冷蔵庫に入れておく。

調味料を合わせておく
調味料を容器に入れておく。混ぜなくてOK。

鶏むね肉のしょうが焼き

やわらか、しっとり

材料（1人分）

鶏むね肉（皮なし）…100g
片栗粉…大さじ½
A
- 酒…大さじ1
- しょうゆ…大さじ⅔
- 砂糖…小さじ1
- おろししょうが…小さじ1

油…大さじ½

作り方

1. Aは合わせておく。
2. 鶏肉は1.5㎝幅のそぎ切りにして片栗粉をまぶす。
3. フライパンに油を入れて中火で熱し、2を入れて弱めの中火で2分焼き、裏返して1分焼く。火を止めてAを加え、再び弱めの中火にかけ、鶏肉を返しながら煮詰めて味をからめる。バットに取り出して冷ます。

さけのしょうが焼き

お魚だっておいしい！

材料（1人分）

生ざけ…1切れ
片栗粉…大さじ½
A
- 酒…大さじ1
- しょうゆ…大さじ⅔
- 砂糖…小さじ1
- おろししょうが…小さじ1

油…大さじ½

作り方

1. Aは合わせておく。
2. さけは水けをふき、4等分のそぎ切りにして片栗粉をまぶす。
3. フライパンに油を入れて中火で熱し、2を入れて弱めの中火で1分焼き、裏返して1分焼く。火を止めてAを加え、再び弱めの中火にかけ、さけを返しながら煮詰めて味をからめる。バットに取り出して冷ます。

手軽なこま肉で。
ポン酢の酸味で
さらにさっぱり

豚こまのポン酢しょうが焼き

材料（1人分）

豚こま切れ肉…100g
片栗粉…小さじ1

A
- 酒…大さじ1
- ポン酢しょうゆ…大さじ2
- 砂糖…小さじ1
- おろししょうが…小さじ1

油…大さじ½

作り方

1. Aは合わせておく。
2. 豚肉に片栗粉をまぶす。
3. フライパンに油を入れて中火で熱し、2を入れて弱めの中火で肉の色が変わるまで2分ほど炒める。火を止めてAを加え、再び弱めの中火にかけ、返しながら煮詰めて全体にからめる。バットに取り出して冷ます。

めんつゆのうまみで
よりこってり味に

豚こまのめんつゆしょうが焼き

材料（1人分）

豚こま切れ肉…100g
片栗粉…小さじ1

A
- 酒…大さじ1
- めんつゆ（3倍濃縮）…大さじ1
- 砂糖…小さじ1
- おろししょうが…小さじ1

油…大さじ½

作り方

1. Aは合わせておく。
2. 豚肉に片栗粉をまぶす。
3. フライパンに油を入れて中火で熱し、2を入れて弱めの中火で肉の色が変わるまで2分ほど炒める。火を止めてAを加え、再び弱めの中火にかけ、返しながら煮詰めて全体にからめる。バットに取り出して冷ます。

鶏むね肉のしょうが焼き
→P.16

なすの粉チーズ和え
→P.95

小松菜の塩昆布和え
→P.86

小松菜の歯ごたえがいいアクセントに

ご飯
白炒りごま

塩もみかぶ
→P.99
＋赤じそふりかけ

ご飯
削り節

カレーマヨ炒り卵
→P.107

かぶは葉も入れて。緑野菜で栄養満点

さけのしょうが焼き
→P.16

塩もみ白菜
→P.99
＋白すりごま

ご飯
桜えび
たくあん

ご飯に＋桜えびで
ボリュームアップ

豚こまのポン酢しょうが焼き
→P.17

ナンプラーしょうが味玉
→P.108

味玉は
すき間埋めにも

豚こまのめんつゆしょうが焼き
→P.17

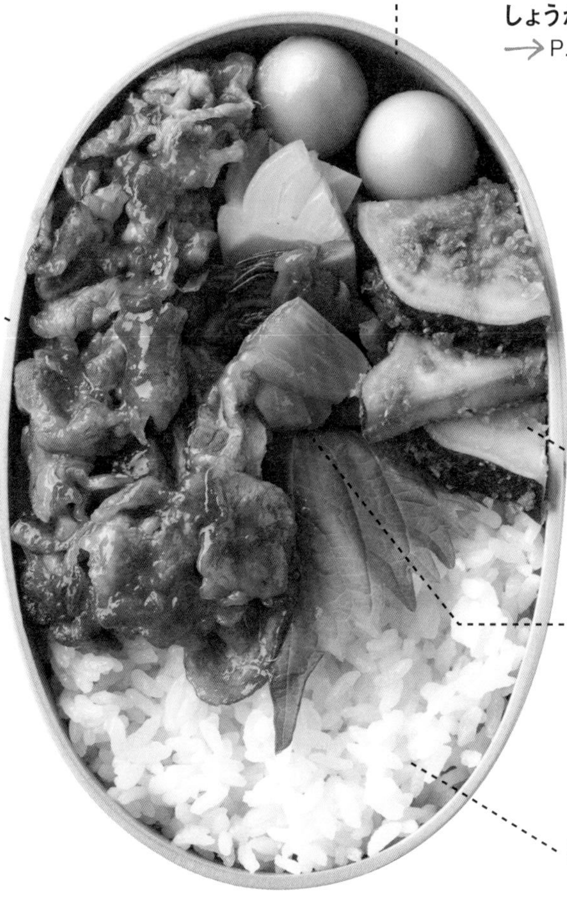

さつまいものごまみそ和え
→P.93

チンゲン菜のザーサイ和え
→P.87

ご飯

定番おかず 2／野菜の肉巻き

野菜の歯ごたえがアクセントに

｜組み合わせ例｜

ピーマンの肉巻き
→ P.21

かぼちゃの粉チーズ和え
→ P.92

かにかま卵焼き
→ P.105

ご飯
しば漬け

野菜に豚肉を巻きつけた見た目も、
甘辛味も食欲を刺激します。
野菜は水分が少なめのもので、
豚肉は脂がほどよいロースがおすすめ。
巻いたら軽く握って密着させて。

ピーマンの肉巻き

材料（1人分）

豚ロース肉（しゃぶしゃぶ用）…4枚
ピーマン…2個
A
- 酒…大さじ½
- 砂糖…小さじ1
- しょうゆ…大さじ⅔

油…大さじ½

作り方

1 ピーマンは縦半分に切って種を除く。ピーマン1切れに豚肉1枚を巻きつけ、軽く握って密着させる。同様に4個作る。

2 卵焼き器またはフライパンに油を中火で熱し、**1**の巻き終わりを下にして入れて焼き、焼き色がついたら転がしながら焼く。

3 火を止めて合わせた**A**を加えたら、弱めの中火にかけ、転がしながらからめる。バットに取り出して冷ます。

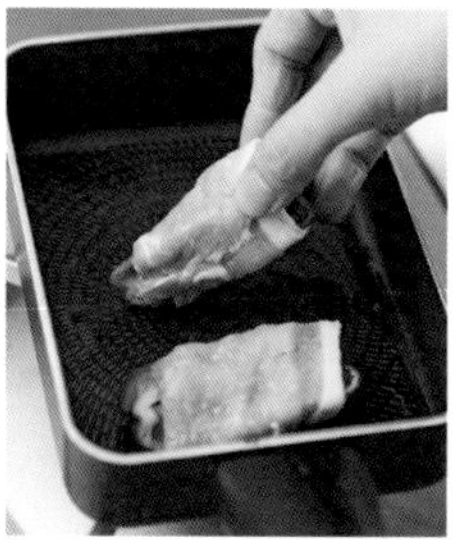

point
巻き終わりを下にして入れて焼きつける。くっついたら、転がしながら焼いて。

朝ラクのコツ

夜のうちにできること

巻きつけるまで準備

ピーマンに豚肉を巻きつけるまでは準備してOK。ラップをして冷蔵庫へ。

調味料を合わせておく

調味料を容器に入れておく。混ぜなくてOK。

エリンギとチーズの肉巻き

粒マスタード、
マヨの酸味でさっぱり

材料（1人分）

豚ロース肉（しゃぶしゃぶ用）…4枚
エリンギ…1本
スライスチーズ（溶けないタイプ）…2枚
A
- 酒…大さじ½
- 粒マスタード…小さじ1
- マヨネーズ…大さじ1
- 塩…ひとつまみ
- こしょう…少量

油…小さじ1

作り方

1 チーズは2等分に切る。エリンギは縦4等分に切ってチーズ→豚肉の順に巻きつけ、軽く握って密着させる。同様に4個作る。

2 フライパンに油を中火で熱し、1の巻き終わりを下にして入れて焼き、焼き色がついたらふたをし、1分30秒蒸し焼きにする。

3 火を止めて合わせたAを加えたら、弱めの中火にかけ、転がしながらからめる。バットに取り出して冷ます。

ズッキーニの肉巻き

ケチャップ＋しょうゆで
バーベキューソース味

材料（1人分）

豚ロース肉（しゃぶしゃぶ用）…4枚
ズッキーニ…½本（70g）
A
- 酒…大さじ½
- トマトケチャップ…大さじ1
- しょうゆ…大さじ½
- こしょう…少量

油…小さじ1

作り方

1 ズッキーニは縦4等分に切り、1切れに豚肉1枚を巻きつけ、軽く握って密着させる。同様に4個作る。

2 フライパンに油を中火で熱し、1の巻き終わりを下にして入れて焼き、焼き色がついたら転がしながら焼く。

3 火を止めて合わせたAを加えたら、弱めの中火にかけ、転がしながらからめる。バットに取り出して冷ます。

長いもの肉巻き

長いもの食感が
楽しい！

材料 （1人分）

豚ロース肉（しゃぶしゃぶ用）…４枚
長いも…５㎝（120g）

A
- 酒…大さじ½
- オイスターソース…大さじ½
- みそ…大さじ½
- 砂糖…小さじ½

油…小さじ1

作り方

1 長いもはヒゲ根を手で摘み取り、皮つきのまま縦４等分に切る。1切れに豚肉1枚を巻きつけ、軽く握って密着させる。同様に4個作る。

2 フライパンに油を中火で熱し、**1**の巻き終わりを下にして入れて焼き、焼き色がついたら転がしながら焼く。

3 火を止めて合わせた**A**を加えたら、弱めの中火にかけ、転がしながらからめる。バットに取り出して冷ます。

アスパラの肉巻き

ごまの香りが
アスパラにぴったり

材料 （1人分）

豚ロース肉（しゃぶしゃぶ用）…３枚
グリーンアスパラガス…３本

A
- 酒…大さじ1
- みそ…大さじ½
- みりん…大さじ1
- おろししょうが…小さじ½
- 白すりごま…大さじ½

油…小さじ1

作り方

1 アスパラは下から半分ほどの皮をむき、長さを半分に切る。1本分をまとめて豚肉1枚を巻きつけ、軽く握って密着させる。同様に３本作る。

2 フライパンに油を中火で熱し、**1**の巻き終わりを下にして入れて焼き、焼き色がついたら転がしながら焼く。

3 火を止めて合わせた**A**を加えたら、弱めの中火にかけ、転がしながらからめる。バットに取り出して冷ます。

赤パプリカのケチャップ和え
→P.91

キャベツと
油揚げの煮もの
→P.85

パプリカで
彩りアップ

ご飯
黒炒りごま

エリンギと チーズの肉巻き

→P.22

ズッキーニの 肉巻き

→P.22

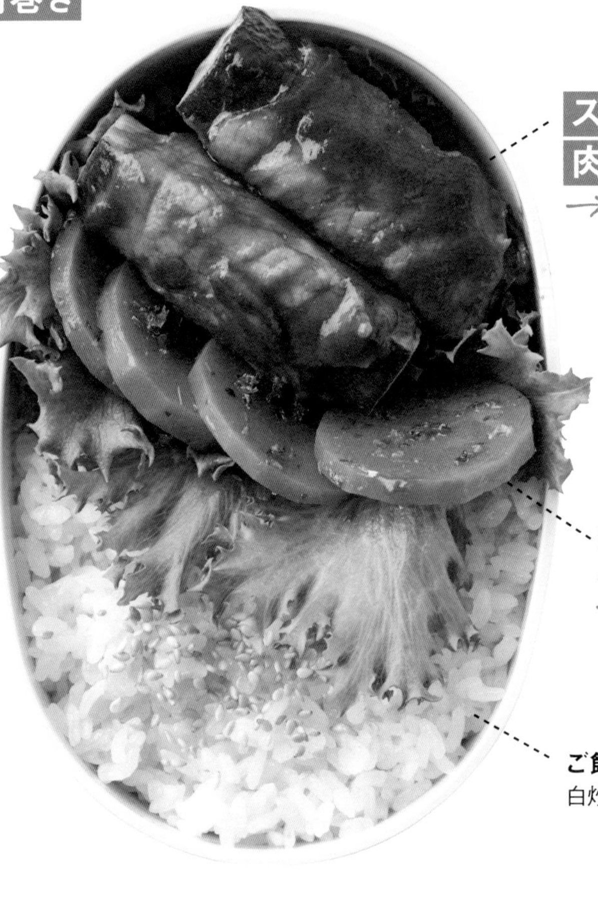

仕切りにはリーフレタス。
野菜量がアップします

にんじんの
ハーブオイルマリネ
→P.93

ご飯
白炒りごま

長いもの肉巻き
→ P.23

かぶには削り節
↓めんつゆの
順にかけて

かぶの塩もみ
→ P.99
＋削り節、めんつゆ

プレーン炒り卵
→ P.106

れんこんのピリ辛煮
→ P.96

ご飯
小梅の梅干し

アスパラの肉巻き
→ P.23

酢じょうゆ味玉
→ P.108

副菜は梅おかかの
さっぱり味がぴったり

しめじの梅おかか和え
→ P.97

ご飯

| 組み合わせ例 |

定番おかず 3／ポークチャップ

ヒレ肉でやわらかく甘めがいいね！

ポークチャップ
→P.27

もやしのナムル
→P.94

キャベツのおかかめんつゆ煮
→P.85

ご飯
小梅の梅干し

ケチャップとウスターソースがベースで、
こってり味がたまらない豚肉のソテー。
お弁当にはやわらかいヒレ肉が合い、
ひと口かつ用なら
切らなくてよいので時短に！

ポークチャップ

材料（1人分）

豚ヒレ肉（ひと口かつ用）…3枚（90g）
片栗粉…大さじ½
A
- 酒…大さじ½
- トマトケチャップ…大さじ1
- ウスターソース…大さじ1
- こしょう…少量

油…大さじ½

作り方

1 豚肉は片栗粉をまぶす。

2 フライパンに油を中火で熱し、**1**を2分ほど焼き、裏返して2分ほど焼く。

3 火を止めて合わせた**A**を加えたら、弱めの中火にかけ、返しながらからめる。バットに取り出して冷ます。

point

Aの調味料をフライパンに入れたらさっと混ぜ、それから火をつけて豚肉にからめる。

朝ラクのコツ

夜のうちにできること

片栗粉をまぶしておく

豚肉に片栗粉をまぶしたら、重ならないように並べてラップをして冷蔵庫に。

調味料を合わせておく

調味料を容器に入れておく。混ぜなくてOK。

チキンカレーチャップ

ケチャップ味は
鶏もも肉にも
グッド！

材料（1人分）

鶏もも肉（から揚げ用）…3切れ（100g）
片栗粉…大さじ½
A
- 酒…大さじ½
- トマトケチャップ…大さじ1
- ウスターソース…大さじ1
- カレー粉…小さじ½

油…大さじ½

作り方

1 鶏肉は片栗粉をまぶす。
2 フライパンに油を中火で熱し、1を2分ほど焼き、裏返して2分ほど焼く。
3 火を止めて合わせたAを加えたら、弱めの中火にかけ、返しながらからめる。バットに取り出して冷ます。

ポークハニーマスタード

ちょっぴり
甘酸っぱくて
クセになる味

材料（1人分）

豚ヒレ肉（ひと口かつ用）…3枚（90g）
片栗粉…大さじ½
A
- 酒…大さじ½
- しょうゆ…小さじ2
- 粒マスタード…小さじ1
- はちみつ…小さじ1
- こしょう…少量

油…大さじ½

作り方

1 豚肉は片栗粉をまぶす。
2 フライパンに油を中火で熱し、1を2分ほど焼き、裏返して2分ほど焼く。
3 火を止めて合わせたAを加えたら、弱めの中火にかけ、返しながらからめる。バットに取り出して冷ます。

マヨを混ぜると
しっとり
仕上がります

ポーク みそマヨ

材料 (1人分)

豚ヒレ肉(ひと口かつ用)…3枚(90g)
片栗粉…大さじ½
A
- みりん…大さじ⅔
- みそ…大さじ⅔
- マヨネーズ…大さじ⅔

油…大さじ½

作り方

1. 豚肉は片栗粉をまぶす。
2. フライパンに油を中火で熱し、1を2分ほど焼き、裏返して2分ほど焼く。
3. 火を止めて合わせたAを加えたら、弱めの中火にかけ、返しながらからめる。バットに取り出して冷ます。

オイスター味は
香ばしい
ごま油で焼いて

ポークオイスター ごま油風味

材料 (1人分)

豚ヒレ肉(ひと口かつ用)…3枚(90g)
片栗粉…大さじ½
A
- 酒…大さじ½
- オイスターソース…大さじ1
- 砂糖…小さじ½

ごま油…大さじ½

作り方

1. 豚肉は片栗粉をまぶす。
2. フライパンにごま油を中火で熱し、1を2分ほど焼き、裏返して2分ほど焼く。
3. 火を止めて合わせたAを加えたら、弱めの中火にかけ、返しながらからめる。バットに取り出して冷ます。

ポークチャップアレンジ 組み合わせ例

ポテトサラダ
→P.94

塩卵焼き
→P.102

赤パプリカの塩昆布和え
→P.91

甘いケチャップ味にはキリッと塩味の卵焼き！

ご飯
黒炒りごま

チキンカレーチャップ
→P.28

ポークハニーマスタード
→P.28

ブロッコリーのごまみそマヨ
→P.84

ブロッコリーは何味かな？口に入れたときのお楽しみ

ご飯
しば漬け
白炒りごま

れんこんの歯ごたえが
いいアクセント

れんこんの梅和え
→ P.96

小松菜の
ごまめんつゆ和え
→ P.86

ポーク
みそマヨ
→ P.29

ご飯
たくあん

ピリッと辛いチンゲン菜で
後味さっぱり

チンゲン菜の
豆板醤和え
→ P.87

めんつゆ味玉
→ P.108

ご飯
小梅の梅干し

ポークオイスター
ごま油風味
→ P.29

| 組み合わせ例 |

（定番おかず）

4／とんかつ

カリッと揚がった衣が香ばしい

豚こま
とんかつ
→P.33
エリンギの
おかかめんつゆ煮
→P.97
塩もみ白菜
→P.99
ご飯
赤じそふりかけ

豚こま切れ肉を握ってまとめ、
衣をつけて揚げてとんかつに。
厚切りの肉より火の通りが早くてお弁当向き。
衣も小麦粉と水を混ぜた
バッター液をからめ、手間を省きます。

豚こまとんかつ

材料（1人分）

豚こま切れ肉…100g
塩、こしょう…各少量
酒…大さじ½
片栗粉…大さじ½
A［小麦粉、水…各大さじ2
パン粉…適量
揚げ油…適量
好みのソース…適量

作り方

1 豚肉に塩、こしょうをふり、酒、片栗粉をもみ込む。3等分して丸める。

2 **A**を混ぜてバッター液を作り、**1**にからめ、パン粉をつけて丸く平たく形を整える。

3 フライパンに揚げ油を1cm深さに入れて170℃に熱し、**2**を2分揚げ、裏返して1分30秒〜2分揚げる。網に取って油をきる。ソースを別容器に添える。

point

豚肉に酒、片栗粉をもみ込んだら3等分し、ギュッと丸める。

朝ラクのコツ

夜のうちにできること

パン粉までつけておく

豚肉にパン粉をつけたら、バットに並べてラップをして冷蔵庫へ。

バッター液を作っておく

小麦粉と水を混ぜてバッター液を作り、冷蔵庫へ。つける前にもう一度混ぜて。

とんかつアレンジ

チキンカツ

鶏肉は薄くなるように
そぎ切りにして

材料（1人分）

鶏むね肉…⅓枚（100g）
塩、こしょう…各少量
A[小麦粉、水…各大さじ2
パン粉…適量
揚げ油…適量
トマトケチャップ…少量

作り方

1 鶏肉はひと口大のそぎ切りにし、塩、こしょうをふる。
2 Aを混ぜてバッター液を作り、**1**にからめ、パン粉をつけて形を整える。
3 フライパンに揚げ油を1cm深さに入れて170℃に熱し、**2**を2分揚げ、裏返して1分ほど揚げる。網に取って油をきる。ケチャップは別容器に添える。

さけフライ

水けを
ペーパータオルでふいて
臭みを取って

材料（1人分）

生ざけ…1切れ（80g）
塩、こしょう…各少量
A[小麦粉、水…各大さじ2
パン粉…適量
揚げ油…適量
しょうゆ…少量

作り方

1 さけは水けをふき、4等分に切って塩、こしょうをふる。
2 Aを混ぜてバッター液を作り、**1**にからめ、パン粉をつける。
3 フライパンに揚げ油を1cm深さに入れて170℃に熱し、**2**を2分揚げ、裏返して1分ほど揚げる。網に取って油をきる。しょうゆは別容器に添える。

えびフライ

材料（1人分）

えび（殻つき）…3尾
酒…大さじ½
塩、こしょう…各少量
A［小麦粉、水…各大さじ2
パン粉…適量
揚げ油…適量

作り方

1. えびは洗って水けをふき、あれば背ワタを除く。尾と最後の1節を残して殻をむき、酒、塩、こしょうをからめる。
2. Aを混ぜてバッター液を作り、**1**にからめ、パン粉をつける。
3. フライパンに揚げ油を1㎝深さに入れて170℃に熱し、**2**を1分30秒揚げ、裏返して1分ほど揚げる。網に取って油をきる。

殻つきを使うと
おいしさ
ワンランクアップ！

折りたたんだ
スライスチーズを
豚肉2枚で巻きます

肉巻きチーズフライ

材料（1人分）

豚ロース肉（しゃぶしゃぶ用）…4枚
塩、こしょう…各少量
スライスチーズ…1枚
A［小麦粉、水…各大さじ2
パン粉…適量
揚げ油…適量

作り方

1. 豚肉に塩、こしょうをふる。スライスチーズは半分に切り、1切れ分を豚肉の幅に折りたたみ、豚肉1枚にのせて巻く。もう1枚の豚肉にチーズが見える面を手前に向けてのせ、巻く。もう1個同様に作る。
2. Aを混ぜてバッター液を作り、**1**にからめ、パン粉をつける。
3. フライパンに揚げ油を1㎝深さに入れて170℃に熱し、**2**を2分揚げ、裏返して1分ほど揚げる。網に取って油をきる。

ピーマンの
粉チーズ和え
→P.88

塩もみにんじん
→P.99
＋ちりめんじゃこ、
ポン酢しょうゆ

チキンカツ
→P.34

ご飯

塩もみにんじんは
じゃことポン酢で味変

チーズ卵焼き
→P.104

オクラの
おかかめんつゆ和え
→P.90

ご飯

しょうゆやソース…
フライには
好みのものをかけて

さけフライ
→P.34

せん切りキャベツのかわりに塩もみキャベツ！

粉チーズ炒り卵
→ P.107

塩もみキャベツ
→ P.98
＋削り節

えびフライ
→ P.35

ご飯
小梅の梅干し

さやいんげんのカレーウスター和え
→ P.89

チンゲン菜の桜えび酢じょうゆ和え
→ P.87

肉巻きチーズフライ
→ P.35

ケチャップをかけても美味

ご飯
白炒りごま

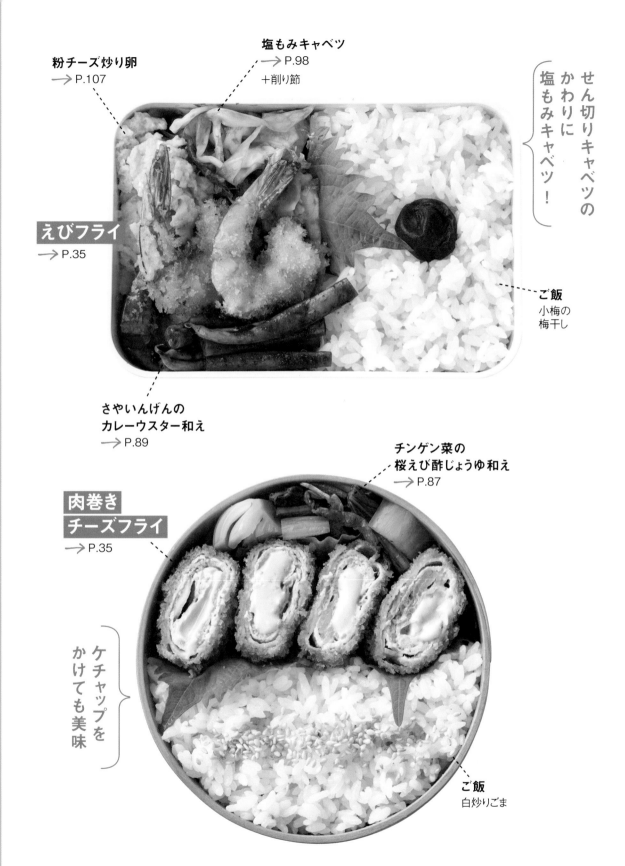

（定番おかず）5／鶏のから揚げ

外はサックリで、中はジューシー

トマト炒り卵
→P.107

ブロッコリーの梅マヨ
→P.84

鶏のから揚げ
→P.39

ご飯
小梅の梅干し
白炒りごま

しょうゆ味ベースのから揚げは、
誰からも愛される味。鶏肉はから揚げ用がなければ、もも肉をひと口大に切って。
衣にベーキングパウダーを混ぜると、
冷めてもサクサクです！

鶏のから揚げ

材料（1人分）

鶏もも肉（から揚げ用）…3～4個（100g）

A
- しょうゆ…大さじ½
- 酒…大さじ½
- おろししょうが…小さじ½

B
- 片栗粉…大さじ2
- ベーキングパウダー…小さじ⅓

揚げ油…適量

作り方

1 ボウルに鶏肉、**A**を入れ、汁けがなくなるまでよくもみ込む。

2 **1**に**B**を加えてまぶす。

3 フライパンに揚げ油を1㎝深さに入れて170℃に熱し、**2**を2分揚げ、裏返して2分揚げる。網に取って冷ます。

point

汁けがなくなるまでもみ込んで、しっかりと下味をつける。

朝ラクのコツ

夜のうちにできること

下味をつけておく

前夜に仕込むなら下味はポリ袋で。口を閉じて冷蔵庫に。

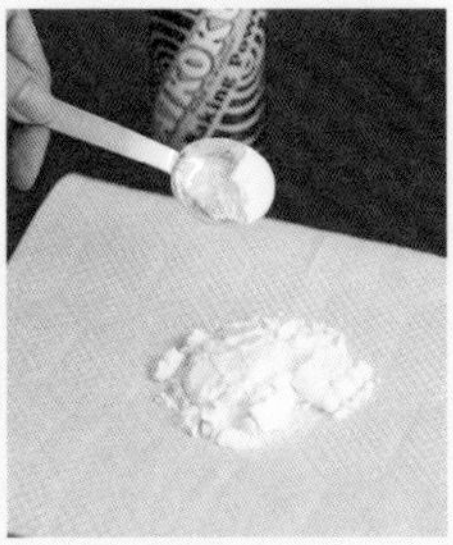

衣を合わせておく

前夜に仕込む場合は、**B**の粉類をペーパータオルの上で合わせ、折りたたんでおく。朝は開いてここで粉をまぶす。

塩麹から揚げ

塩麹でうまみがアップ。
前夜のうちに
仕込むのがおすすめ

材料 (1人分)

鶏もも肉(から揚げ用)…3〜4個(100g)

A
- 酒…大さじ½
- 塩麹…小さじ2
- こしょう…少量

B
- 片栗粉…大さじ2
- ベーキングパウダー…小さじ⅓

揚げ油…適量

作り方

1 ボウルに鶏肉、Aを入れ、汁けがなくなるまでよくもみ込む。

2 1にBを加えてまぶす。

3 フライパンに揚げ油を1cm深さに入れて170℃に熱し、2を2分揚げ、裏返して2分揚げる。網に取って冷ます。

ヤンニョムチキン風

コチュジャンベースの
たれをからめて
韓国風に

材料 (1人分)

鶏もも肉(から揚げ用)…3〜4個(100g)

A
- 酒…大さじ½
- しょうゆ…小さじ1

B
- 片栗粉…大さじ2
- ベーキングパウダー…小さじ⅓

C
- コチュジャン…小さじ1
- はちみつ…小さじ2
- しょうゆ…小さじ½

揚げ油…適量

作り方

1 ボウルに鶏肉、Aを入れ、汁けがなくなるまでよくもみ込む。

2 1にBを加えてまぶす。

3 フライパンに揚げ油を1cm深さに入れて170℃に熱し、2を2分揚げ、裏返して2分揚げる。混ぜたCの甘辛だれに加えてからめ、冷ます。

●Cの甘辛だれは前夜に合わせてOK。

揚げたてに
粉チーズを
からめるのがコツ

チーズから揚げ

材料（1人分）

鶏もも肉（から揚げ用）…3～4個（100g）

A
- 酒…大さじ½
- 塩…ひとつまみ
- こしょう…少量

B
- 片栗粉…大さじ2
- ベーキングパウダー…小さじ⅓

粉チーズ…大さじ½

揚げ油…適量

作り方

1. ボウルに鶏肉、Aを入れ、汁けがなくなるまでよくもみ込む。
2. 1にBを加えてまぶす。
3. フライパンに揚げ油を1cm深さに入れて170℃に熱し、2を2分揚げ、裏返して2分揚げる。粉チーズをまぶして冷ます。

熱いうちに
ねぎだれを
からめて

油《ユー》淋《リン》鶏《チー》風から揚げ

材料（1人分）

鶏もも肉（から揚げ用）…3～4個（100g）

A
- 酒…大さじ½
- 塩、こしょう…各少量

B
- 片栗粉…大さじ2
- ベーキングパウダー…小さじ⅓

C
- 長ねぎのみじん切り…3cm分
- 酢…大さじ½
- しょうゆ…大さじ½
- 砂糖…小さじ½

揚げ油…適量

作り方

1. ボウルに鶏肉、Aを入れ、汁けがなくなるまでよくもみ込む。
2. 1にBを加えてまぶす。
3. フライパンに揚げ油を1cm深さに入れて170℃に熱し、2を2分揚げ、裏返して2分揚げる。混ぜたCのねぎだれに加えてからめ、冷ます。

●Cのねぎだれは前夜に合わせてOK。

さやいんげんの
おかか
めんつゆ和え
→P.89

青のり卵焼き
→P.103

ご飯
塩昆布

卵焼きは
青のりの香りよし

なすの
梅マヨ和え
→P.95

塩麹から揚げ
→P.40

チンゲン菜の
しょうが和え
→P.87

たくあん

ヤンニョム
チキン風
→P.40

めんつゆ
味玉
→P.108

漬けものは
好みのものを詰めて

ご飯

ピーマンのおかか
めんつゆ和え
→ P.88

ミニトマト

チーズ
から揚げ
→ P.41

ミニトマトで
すき間埋め。
彩りにも

ご飯
黒炒りごま

塩もみ大根
→ P.98
＋白すりごま

油淋鶏風
から揚げ
→ P.41

豆苗の
ツナ和え
→ P.90

大根は
ごまをふって
風味アップ

ご飯

淡泊な鶏肉が甘辛味でボリュームアップ

（定番おかず）6/鶏の照り焼き

おかかじょうゆ
卵焼き
P.103

ブロッコリーの
梅マヨ
P.84

鶏の照り焼き
P.45

ご飯
白炒りごま

| 組み合わせ例 |

鶏肉は皮をカリッと焼いて調味料をからめて。
まぶした片栗粉で照りよく仕上がります。
すでに切ってあるから揚げ用を使ってもよく、
切る手間が省けます。

鶏の照り焼き

材料（1人分）

鶏もも肉…⅓枚（100g）
片栗粉…大さじ½
A
- 酒…大さじ½
- しょうゆ…大さじ⅔
- 砂糖…大さじ½

油…大さじ½

作り方

1 鶏肉は小さめのひと口大に切り、片栗粉をまぶす。

2 フライパンに油を中火で熱し、1を2分ほど焼き、裏返してふたをし、弱火で2分ほど焼く。

3 火を止めて合わせたAを加えたら、弱めの中火にかけ、返しながらからめる。バットに取り出して冷ます。

point

鶏肉の皮目に焼き色をつけて裏返し、ふたをして焼き、中まで火を通す。

朝ラクのコツ

夜のうちにできること

片栗粉をまぶしておく

鶏肉をひと口大に切って片栗粉をまぶし、ラップをして冷蔵庫へ。

調味料を合わせておく

調味料を容器に入れておく。混ぜなくてOK。

鶏もも肉のカレー照り焼き

カレー粉を混ぜて
スパイシーに！

材料（1人分）

鶏もも肉…⅓枚（100g）
片栗粉…大さじ½
A
- 酒…大さじ½
- しょうゆ…大さじ⅔
- 砂糖…大さじ½
- カレー粉…小さじ½

油…大さじ½

作り方

1. 鶏肉は小さめのひと口大に切り、片栗粉をまぶす。
2. フライパンに油を中火で熱し、**1**を2分ほど焼き、裏返してふたをし、弱火で2分ほど焼く。
3. 火を止めてよく混ぜた**A**を加えたら、弱めの中火にかけ、返しながらからめる。バットに取り出して冷ます。

鶏もも肉のピリ辛照り焼き

ピリッと辛くて、
食欲を刺激します

材料（1人分）

鶏もも肉…⅓枚（100g）
片栗粉…大さじ½
A
- 酒…大さじ½
- しょうゆ…大さじ½
- 豆板醤…小さじ⅓
- 砂糖…小さじ1

油…大さじ½

作り方

1. 鶏肉は小さめのひと口大に切り、片栗粉をまぶす。
2. フライパンに油を中火で熱し、**1**を2分ほど焼き、裏返してふたをし、弱火で2分ほど焼く。
3. 火を止めて合わせた**A**を加えたら、弱めの中火にかけ、返しながらからめる。バットに取り出して冷ます。

むね肉なら
やわらかな食感に。
ごまの香りが
たまらない

鶏むね肉のごまみそ照り焼き

材料（1人分）

鶏むね肉…⅓枚（100g）
片栗粉…大さじ½
A
- 酒…大さじ½
- みそ…大さじ½
- みりん…大さじ1
- 白すりごま…大さじ½

油…大さじ½

作り方

1. 鶏肉は小さめのひと口大に切り、片栗粉をまぶす。
2. フライパンに油を中火で熱し、**1**を2分ほど焼き、裏返してふたをし、弱火で2分ほど焼く。
3. 火を止めて合わせた**A**を加えたら、弱めの中火にかけ、返しながらからめる。バットに取り出して冷ます。

ちょっぴり
酸味が利いて
あっさり味に

鶏むね肉のバターポン照り焼き

材料（1人分）

鶏むね肉…⅓枚（100g）
片栗粉…大さじ½
A
- 酒…大さじ½
- ポン酢しょうゆ…大さじ1
- 砂糖…小さじ⅓
- バター…5g

油…大さじ½

作り方

1. 鶏肉は小さめのひと口大に切り、片栗粉をまぶす。
2. フライパンに油を中火で熱し、**1**を2分ほど焼き、裏返してふたをし、弱火で2分ほど焼く。
3. 火を止めて合わせた**A**を加えたら、弱めの中火にかけ、返しながらからめる。バットに取り出して冷ます。

鶏もも肉のカレー照り焼き
→ P.46

にんじんのバターめんつゆ煮
→ P.93

甘いにんじんが照り焼きを引き立てます

ピーマンの梅塩麹和え
→ P.88

ご飯
白すりごま

もやしのツナカレー和え
→ P.94

小松菜の粉チーズ和え
→ P.86

鶏もも肉のピリ辛照り焼き
→ P.46

小松菜、粉チーズで栄養バランスもアップ

ご飯

甘い卵焼き
→ P.103

鶏むね肉のごまみそ照り焼き
→P.47

さつまいもの塩バター和え
→P.93

さつまいもは甘いだけじゃない、ビタミンCたっぷり

酢じょうゆ味玉
→P.108

ご飯
小梅の梅干し

ミニトマト

かぼちゃのマヨサラダ
→P.92

鶏むね肉のバターポン照り焼き
→P.47

ミニトマトはヘタを除いて詰めて

ご飯

| 組み合わせ例 |

定番おかず 7／ハンバーグ

ふっくらジューシーに濃厚ソースがからむ

ブロッコリーのめんつゆマヨ
→P.84

ハンバーグ
→P.51

甘い卵焼き
→P.103

ご飯
小梅の梅干し

**お弁当用ハンバーグには、玉ねぎみじん切り、
溶き卵は入れません。
そのかわり、多めのパン粉に
牛乳を吸わせてつなぎにします。
冷めてもふっくらで、やわらかな仕上がりに。**

ハンバーグ

材料（1人分）

合いびき肉…100g

A
- 乾燥パン粉…大さじ3
- 牛乳…大さじ2
- 塩、こしょう…各少量

B
- 酒…大さじ1
- トマトケチャップ…大さじ1
- ウスターソース…大さじ1

油…小さじ1

作り方

1. 肉だねを作る。ボウルに**A**を混ぜ、パン粉がしっとりしたらひき肉を加え、粘りが出るまで混ぜる。2等分し、丸く平たく形を整える。
2. フライパンに油を中火で熱し、**1**を入れて1分30秒ほど焼き、焼き色がついたら裏返してふたをし、弱火で5分焼く。
3. 火を止めて合わせた**B**を加えたら、弱めの中火にかけて味をからめる。バットに取り出して冷ます。

point

先にパン粉と牛乳、調味料を混ぜ、パン粉がしっとりしたらひき肉を加えて混ぜる。

朝ラクのコツ

夜のうちにできること

ハンバーグを作っておく

肉だねを作って形を整え、重ならないようにバットなどに並べ、ラップをして冷蔵庫へ。

ソースの材料を合わせておく

ソースの調味料を容器に入れておく。混ぜなくてOK。

照り焼きハンバーグ

しょうゆベースの
甘辛味もまたおいしい!

材料（1人分）

合いびき肉…100g

A
- 乾燥パン粉…大さじ3
- 牛乳…大さじ2
- 塩、こしょう…各少量

B
- 酒…大さじ½
- しょうゆ…大さじ⅔
- 砂糖…大さじ½

油…小さじ1

作り方

1. ボウルにAを混ぜ、パン粉がしっとりしたらひき肉を加え、粘りが出るまで混ぜる。2等分し、丸く平たく形を整える。
2. フライパンに油を中火で熱し、1を入れて1分30秒ほど焼く。焼き色がついたら裏返してふたをし、弱火で5分焼く。
3. 火を止めて合わせたBを加えたら、弱めの中火にかけて味をからめる。バットに取り出して冷ます。

みそだれハンバーグ

みそ味には
すりごまを混ぜて
アクセントに

材料（1人分）

合いびき肉…100g

A
- 乾燥パン粉…大さじ3
- 牛乳…大さじ2
- 塩、こしょう…各少量

B
- みそ…大さじ½
- みりん…大さじ1
- 白すりごま…大さじ½

油…小さじ1

作り方

1. ボウルにAを混ぜ、パン粉がしっとりしたらひき肉を加え、粘りが出るまで混ぜる。2等分し、丸く平たく形を整える。
2. フライパンに油を中火で熱し、1を入れて1分30秒ほど焼く。焼き色がついたら裏返してふたをし、弱火で5分焼く。
3. 火を止めて合わせたBを加え、みそを溶きながら混ぜ、弱めの中火にかけて味をからめる。バットに取り出して冷ます。

チーズ入りに、
甘いケチャップ
＋マヨの
オーロラソース

チーズハンバーグ

材料（1人分）

合いびき肉…100g
スライスチーズ…1枚
A［乾燥パン粉…大さじ3
　牛乳…大さじ2
　塩、こしょう…各少量
B［トマトケチャップ…大さじ½
　マヨネーズ…小さじ1
油…小さじ1

作り方

1 ボウルにAを混ぜ、パン粉がしっとりしたらひき肉を加え、粘りが出るまで混ぜ、2等分する。チーズは半分に切り、1切れずつ折りたたみ、肉だねに入れて包み（写真）、丸く平たく形を整える。同様に2個作る。

2 フライパンに油を中火で熱し、1を入れて1分30秒ほど焼く。焼き色がついたら裏返してふたをし、弱火で5分焼く。

3 バットに取り出し、混ぜたBをぬって冷ます。ソースは別添えにしても。

バーベキュー
ソースで
こってり味に

BBQソースハンバーグ

材料（1人分）

合いびき肉…100g
A［乾燥パン粉…大さじ3
　牛乳…大さじ2
　塩、こしょう…各少量
B［トマトケチャップ…大さじ2
　しょうゆ…大さじ½
油…小さじ1

作り方

1 ボウルにAを混ぜ、パン粉がしっとりしたらひき肉を加え、粘りが出るまで混ぜる。2等分し、丸く平たく形を整える。

2 フライパンに油を中火で熱し、1を入れて1分30秒ほど焼く。焼き色がついたら裏返してふたをし、弱火で5分焼く。

3 火を止めて合わせたBを加えたら、弱めの中火にかけて味をからめる。バットに取り出して冷ます。

ハンバーグアレンジ 組み合わせ例

さやいんげんの歯ごたえがぴったり

さやいんげんの
すりごまめんつゆ和え
→P.89

塩卵焼き
→P.102

照り焼きハンバーグ
→P.52

ご飯
赤じそふりかけ

みそだれハンバーグ
→P.52

赤パプリカの
粉チーズ和え
→P.91

塩もみかぶでさっぱり

塩もみかぶ
→P.99

ご飯

チーズハンバーグ
→ P.53

ハンバーグのソースは別添えにしても

れんこんのおかか塩麹煮
→ P.96

甘い炒り卵
→ P.106

豆苗のツナ和え
→ P.90

ご飯
塩昆布

BBQソースハンバーグ
→ P.53

漬けものの塩け、歯ごたえがうれしい

キャベツのごまみそ煮
→ P.85

ご飯
しば漬け

アレンジ

ハンバーグの肉だねで、
こんなおかずも作れます！

ひき肉のジョン

肉だねに
卵をからめて焼く
韓国版ピカタ

材料 （1人分）

ハンバーグの肉だね（P.51）…全量
小麦粉…大さじ½
卵…1個
油…小さじ1

作り方

1 ハンバーグの肉だねを作る。4等分して丸く平たく形を整え、小麦粉をまぶす。
2 卵はよく溶きほぐす。
3 フライパンに油を中火で熱し、**1**を**2**にくぐらせて入れ、1分30秒ほど焼く。裏返して肉だねの下に残りの卵液を流し入れて1個ずつからめ、ふたをして弱火で4分焼く。バットに取り出して冷ます。

全量で

ミートボール

肉だねで
ミートボールも。
焼いて
たれをからめて

材料 （1人分）

ハンバーグの肉だね（P.51）…全量
A
- トマトケチャップ…大さじ2
- 水…大さじ2
- 砂糖…小さじ½
- 塩…ひとつまみ

油…小さじ1

作り方

1 ハンバーグの肉だねを作る。5等分して丸く形を整える。
2 フライパンに油を中火で熱し、**1**を入れて2分ほど焼き、裏返して1分焼く。
3 合わせた**A**を加えて混ぜ、ふたをして弱火で4〜5分煮る。ふたを外し、中火にして汁けがなくなるまで煮詰める。

「ハンバーグ肉だね」

れんこんで
肉だねをサンド。
カリッと焼くのがコツ

れんこんはさみ焼き

材料 （1人分）

ハンバーグの肉だね（P.51）…半量
れんこん…薄い半月切り8枚（40g）
片栗粉…適量
A
- 酒…大さじ½
- 砂糖…大さじ½
- しょうゆ…大さじ⅔

油…大さじ½

作り方

1 ハンバーグの肉だねを作る。
2 れんこんは水にさっとさらして水けをふき、片栗粉をまぶす。4枚に1を4等分してのせ、残りのれんこんをのせて押さえる。
3 フライパンに油を中火で熱し、2を入れて2分焼き、裏返してふたをして弱火で5分焼く。火を止めて合わせたAを加えたら、弱めの中火にかけて味をからめる。バットに取り出して冷ます。

半量で

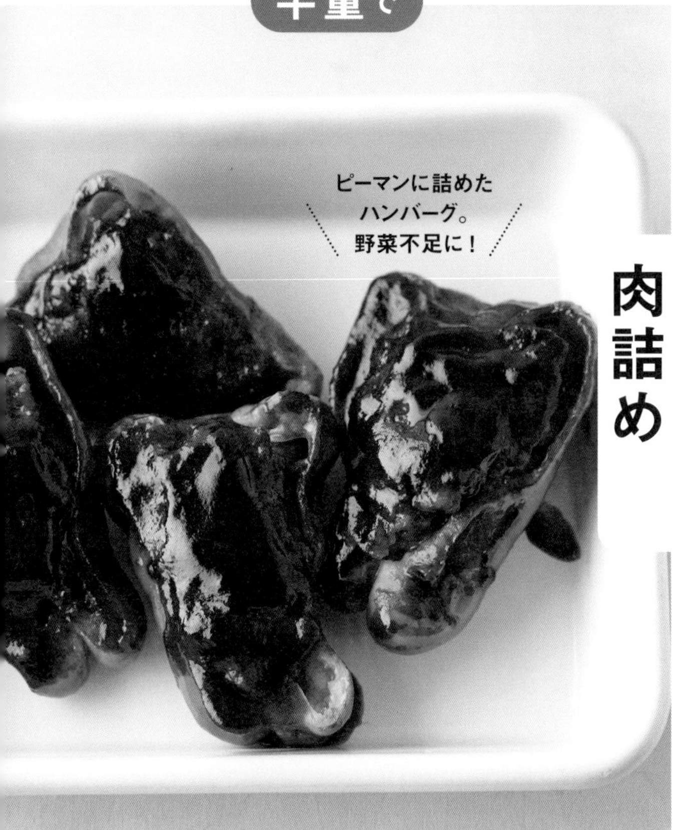
ピーマンに詰めた
ハンバーグ。
野菜不足に！

ピーマンの肉詰め

材料 （1人分）

ハンバーグの肉だね（P.51）…半量
ピーマン…2個
片栗粉…適量
A
- トマトケチャップ…大さじ1
- ウスターソース…大さじ1

油…小さじ1

作り方

1 ハンバーグの肉だねを作る。
2 ピーマンは縦半分に切り、種を除く。内側に片栗粉をふり、1を4等分して詰める。
3 フライパンに油を中火で熱し、2の肉側を下にして1分ほど焼く。裏返して1分焼き、再度返し、ふたをして弱火で4分ほど焼く。火を止めて合わせたAを加えたら、弱めの中火にかけて味をからめる。バットに取り出して冷ます。

ピーマンの
すりごまめんつゆ和え
→ P.88

ひき肉のジョン

→ P.56

歯ごたえのよい
野菜が合います

ご飯
小梅の梅干し

塩もみキャベツ
→ P.98
＋粉チーズ、
オリーブ油

しめじの
粉チーズ和え
→ P.97

なすの
青じそポン酢和え
→ P.95

青じその香りで
ほっとひと息

ミートボール

→ P.56

ご飯

みそしょうが
味玉
→ P.108

れんこんはさみ焼き
→P.57

ブロッコリーの粒マスタードマヨ
→P.84

香ばしい主菜に
ふんわり卵焼きは
相性抜群

細ねぎ卵焼き
→P.104

ご飯
白すりごま

塩もみにんじん
→P.99
＋粉チーズ

ピーマンの肉詰め
→P.57

野菜のおかずは
1品でも満足！

ご飯
しば漬け

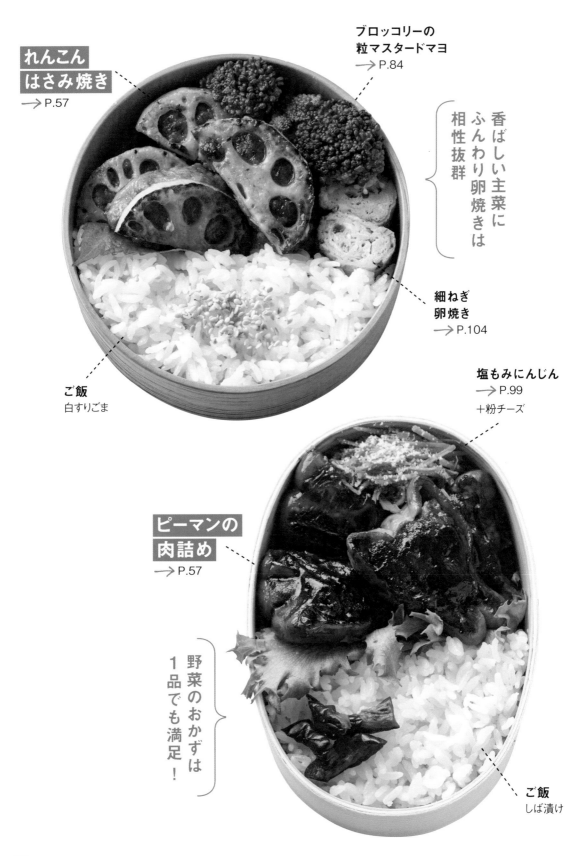

鶏ひきつくねはこんがり焼いて香ばしく

（定番おかず）8／鶏つくね

キャベツのポン酢煮
→ P.85
鶏つくね
→ P.61
しらす卵焼き
→ P.105
ご飯
黒炒りごま

| 組み合わせ例 |

しょうがの香りが利いた甘辛味が
食欲をそそる鶏つくね。
パン粉を酒でしとらせてから
ひき肉を混ぜるのがコツ。
冷めてもふんわり、ジューシーに仕上がります。

鶏つくね

材料（1人分）

鶏ひき肉…100g

A
- 乾燥パン粉…大さじ1
- 酒…大さじ1
- おろししょうが…小さじ⅓
- 塩…少量

B
- 酒…大さじ½
- 砂糖…大さじ½
- しょうゆ…大さじ⅔

油…小さじ1

作り方

1 肉だねを作る。ボウルにAを混ぜ、パン粉がしっとりしたらひき肉を加え、粘りが出るまで混ぜる。3等分し、丸く平たく形を整える。

2 フライパンに油を中火で熱し、1を入れて1分30秒焼く。焼き色がついたら裏返してふたをし、弱火で4分焼く。

3 火を止めて合わせたBを加えたら、弱めの中火にかけて味をからめる。バットに取り出して冷ます。

point

先にパン粉と調味料を混ぜ、パン粉がしっとりしたらひき肉を加え混ぜる。

朝ラクのコツ

夜のうちにできること

つくねを作っておく

肉だねを作って形を整え、重ならないようにバットなどに並べ、ラップをして冷蔵庫へ。

たれを合わせておく

たれの調味料を容器に入れておく。混ぜなくてOK。

ポン酢照り焼きつくね

ポン酢に
砂糖を混ぜて
照りよく仕上げます

材料（1人分）

鶏ひき肉…100g

A
- 乾燥パン粉…大さじ1
- 酒…大さじ1
- おろししょうが…小さじ⅓

B
- ポン酢しょうゆ…大さじ2
- 砂糖…小さじ1

油…小さじ1

作り方

1 ボウルにAを混ぜ、パン粉がしっとりしたらひき肉を加え、粘りが出るまで混ぜる。3等分し、丸く形を整える。

2 フライパンに油を中火で熱し、1を入れて1分30秒焼く。焼き色がついたら裏返してふたをし、弱火で4分焼く。

3 火を止めて合わせたBを加えたら、弱めの中火にかけて味をからめる。バットに取り出して冷ます。

ねぎみそつくね

ねぎみそは
前夜のうちに
混ぜておくとラク

材料（1人分）

鶏ひき肉…100g

A
- 乾燥パン粉…大さじ1
- 酒…大さじ1
- おろししょうが…小さじ⅓

B
- 長ねぎのみじん切り…5cm分
- みそ…大さじ½
- 砂糖…小さじ½
- 水…小さじ1

油…小さじ1

作り方

1 ボウルにAを混ぜ、パン粉がしっとりしたらひき肉を加え、粘りが出るまで混ぜる。3等分し、丸く形を整える。

2 フライパンに油を中火で熱し、1を入れて1分30秒焼く。焼き色がついたら裏返してふたをし、弱火で4分焼く。

3 バットに取り出し、混ぜたBをぬって冷ます。ねぎみそは別添えにしても。

マヨ味に
豆板醤の辛みで
味が締まります

ピリ辛マヨしょうゆつくね

材料（1人分）

鶏ひき肉…100g

A
- 乾燥パン粉…大さじ1
- 酒…大さじ1
- おろししょうが…小さじ⅓

B
- 豆板醤…小さじ⅓
- マヨネーズ…大さじ1
- しょうゆ…大さじ½

油…小さじ1

作り方

1. 肉だねを作る。ボウルにAを混ぜ、パン粉がしっとりしたらひき肉を加え、粘りが出るまで混ぜる。3等分し、丸く形を整える。
2. フライパンに油を中火で熱し、1を入れて1分30秒焼く。焼き色がついたら裏返してふたをし、弱火で4分焼く。
3. 火を止めて合わせたBを加えたら、弱めの中火にかけて味をからめる。バットに取り出して冷ます。

ゆずの
香りと辛みで
さわやかに

ゆずこしょう照り焼きつくね

材料（1人分）

鶏ひき肉…100g

A
- 乾燥パン粉…大さじ1
- 酒…大さじ1
- おろししょうが…小さじ⅓

B
- 酒…大さじ½
- ゆずこしょう…小さじ1
- みりん…大さじ2

油…小さじ1

作り方

1. 肉だねを作る。ボウルにAを混ぜ、パン粉がしっとりしたらひき肉を加え、粘りが出るまで混ぜる。3等分し、丸く形を整える。
2. フライパンに油を中火で熱し、1を入れて1分30秒焼く。焼き色がついたら裏返してふたをし、弱火で4分焼く。
3. 火を止めて合わせたBを加えたら、弱めの中火にかけて味をからめる。バットに取り出して冷ます。

れんこんの
塩昆布煮
→ P.96

塩もみ大根
→ P.98
＋赤じそふりかけ

ザーサイ
卵焼き
→ P.104

ポン酢
照り焼き
つくね
→ P.62

ご飯

塩もみ大根は
しその香りをプラス

オクラのかわりに
小松菜や
チンゲン菜でも

おかかじょうゆ
卵焼き
→ P.103

オクラの
ゆずこしょう和え
→ P.90

ご飯
小梅の梅干し

ねぎみそ
つくね
→ P.62

塩もみ
きゅうり
→P.98

**ピリ辛
マヨしょうゆ
つくね**
→P.63

塩もみきゅうりがいい箸休め

ブロッコリーの
ごまみそマヨ
→P.84

ご飯

**ゆずこしょう
照り焼きつくね**
→P.63

かぼちゃの
めんつゆ煮
→P.92

ご飯のお供にちりめんじゃこもおすすめ

ご飯
ちりめんじゃこ

| 組み合わせ例 |

定番おかず 9 / 鶏そぼろ

しっとり仕上げてご飯にのせたい

甘い炒り卵
→ P.106

小松菜のごまめんつゆ和え
→ P.86

鶏そぼろ
→ P.67

鶏ひき肉で作る甘辛いそぼろは、
ご飯にのっけたいおかずのナンバーワン。
しっとり仕上げるために汁けを少し残し、
詰めるときに軽く汁けをきってください。
炒り卵、青菜とともに3色そぼろ弁当に。

鶏そぼろ

材料（1人分）

鶏ひき肉…100g
おろししょうが…小さじ¼
しょうゆ…大さじ1
砂糖…大さじ½
水…大さじ2

作り方

1 フライパンにすべての材料を入れ、よく混ぜてひき肉をほぐす。

2 弱めの中火にかけ、煮立ったら絶えず混ぜながら、汁けが少し残るくらいまで2～3分煮る。バットに取り出して冷ます。

point
火にかける前に、よく混ぜてひき肉をほぐしておく。

朝ラクのコツ

夜のうちにできること

下味をつけておく

前夜に仕込むならボウルで。材料を入れてひき肉をほぐし、ラップをして冷蔵庫へ。朝はフライパンに移して火にかけます。

合いびきのドライカレー風そぼろ

先にひき肉に
カレー粉をなじませ、
それから調味します

材料（1人分）

合いびき肉…100g
カレー粉…小さじ1
A ┌ウスターソース…大さじ1
　└トマトケチャップ…大さじ1

作り方

1 フライパンにひき肉を入れて中火にかけ、ほぐしながら1～2分炒める。肉の色が変わったらカレー粉を加え、炒めてなじませる。
2 火を止めて合わせたAを加えて混ぜる。再び中火にかけて汁けをとばす。バットに取り出して冷ます。

合いびきのバジルそぼろ

タイの人気メニュー、
ガパオライスのもと

材料（1人分）

合いびき肉…100g
A ┌オイスターソース…大さじ½
　│しょうゆ…小さじ1
　│こしょう…少量
　└クミンパウダー（あれば）…少量
バジルの葉…8～10枚

作り方

1 フライパンにひき肉を入れて中火にかけ、ほぐしながら1～2分炒める。
2 肉の色が変わったら火を止めて、合わせたAを加えて混ぜる。再び中火にかけて汁けをとばし、バジルの葉を混ぜる。バットに取り出して冷ます。

鶏ひきの梅そぼろ

梅干しは
甘くないもので
酸味を利かせて

材料 （1人分）

鶏ひき肉…100g
梅干し（ちぎる）…½個分
しょうゆ…小さじ1
砂糖…小さじ1
水…大さじ2

作り方

1 フライパンにすべての材料を入れ、よく混ぜてひき肉をほぐす。
2 弱めの中火にかけ、煮立ったら絶えず混ぜながら、汁けが少し残るくらいまで2～3分煮る。バットに取り出して冷ます。

豚ひきのごまみそそぼろ

すりごまたっぷりで
香りよく
コクもアップ

材料 （1人分）

豚ひき肉…100g
白すりごま…大さじ1
おろししょうが…小さじ⅓
みそ…小さじ2
砂糖…小さじ1
水…大さじ2

作り方

1 フライパンにすべての材料を入れ、よく混ぜてひき肉をほぐす。
2 弱めの中火にかけ、煮立ったら絶えず混ぜながら、汁けが少し残るくらいまで2～3分煮る。バットに取り出して冷ます。

ピーマンの
粉チーズ和え
→P.88

塩もみ大根
→P.98
＋甘酢

塩もみ大根には
甘酢をかけて
さっぱり味に

合いびきの
ドライカレー風
そぼろ
→P.68

ご飯

合いびきの
バジルそぼろ
→P.68

ご飯

ふたを開けると
バジルが香ります

なすのしょうが
めんつゆ和え
→P.95

ミニトマト

鶏ひきの梅そぼろ
→P.69

白炒りごま

かぼちゃのハニーマスタード和え
→P.92

そぼろにごまをふって
香ばしさをプラス

トマト炒り卵
→P.107

ご飯

塩もみきゅうり
→P.98

エリンギのナムル
→P.97

おかかじょうゆ卵焼き
→P.103

ご飯

パンチがあるそぼろには、
卵焼きがうれしい

豚ひきのごまみそそぼろ
→P.69

シンプルに魚のうまみを味わう

（定番おかず）10／焼きざけ

焼きざけ
→ P.73

小松菜のじゃこめんつゆ和え
→ P.86

甘い卵焼き
→ P.103

塩もみ大根
→ P.98
＋赤じそふりかけ

ご飯
焼きのり

｜組み合わせ例｜

シンプルに焼くなら甘塩のさけを、
アレンジをするなら生のさけがおすすめです。
焼きざけは酒をふって蒸し焼きにすると、
しっとりとやわらかで冷めてもおいしい！

焼きざけ

材料（1人分）

甘塩ざけ…1切れ
酒…大さじ1
油…小さじ½

作り方

1. さけはペーパータオルで水けをふく。
2. フライパンに油、さけの皮を下にして入れ、弱めの中火にかけ、2分ほど焼く。
3. こんがりと焼き色がついたら裏返し、酒をふり、ふたをして弱火で1分ほど焼く。汁けがあれば弱めの中火にしてとばす。バットに取り出して冷ます。

point

身側に酒をかけて蒸し焼きにすると、ふっくらと焼き上がる。

朝ラクのコツ

夜のうちにできること

ペーパータオルに包んで保存

さけは汁けを吸わせるようにペーパータオル→ラップの順に包み、冷蔵庫へ。

生ざけは切り分けて

さけは水けをふく。切って使う場合は、骨を除いて切り分けておく。

焼きざけ ごまみそがらめ

皮をこんがりと焼いてから
蒸し焼きにして、
味をからめます

材料（1人分）

生ざけ…1切れ

A
- みそ…大さじ½
- 砂糖…小さじ1
- 水…小さじ1

白すりごま…小さじ1

油…小さじ1

作り方

1. さけは水けをふき、4等分に切る。
2. フライパンに油を弱めの中火で熱し、1の皮を下にして入れ、2分ほど焼く。焼き色がついたら裏返し、ふたをして弱火で1分焼く。
3. 火を止めて合わせたAを加えたら、弱めの中火にかけてさけにからめる。すりごまを混ぜ、汁けを吸わせる。バットに取り出して冷ます。

焼きざけ のりじょうゆ

のりは
最後に散らして
くっつけて

材料（1人分）

生ざけ…1切れ

A
- しょうゆ…大さじ½
- みりん…大さじ1

焼きのり（全形）…¼枚

油…小さじ1

作り方

1. さけは水けをふき、4等分に切る。
2. フライパンに油を弱めの中火で熱し、1の皮を下にして入れ、2分ほど焼く。焼き色がついたら裏返し、ふたをして弱火で1分焼く。
3. 火を止めて合わせたAを加えたら、弱めの中火にかけてさけにからめる。ちぎった焼きのりを全体にまぶす。バットに取り出して冷ます。

余熱でチーズを
溶かして

焼きざけ チーズのっけ

材料（1人分）

生ざけ…1切れ
塩、こしょう…各少量
スライスチーズ…1枚
粗びき黒こしょう…少量
油…小さじ1

作り方

1. さけは水けをふき、塩、こしょうをふる。チーズは2等分に切る。
2. フライパンに油を弱めの中火で熱し、さけの皮を下にして入れ、2分ほど焼く。焼き色がついたら裏返し、ふたをして弱火で1分焼く。
3. 火を止め、さけにチーズをのせ、粗びき黒こしょうをふり、再びふたをしてチーズがとろりとするまでおく。バットに取り出して冷ます。

オーロラソースは
さけを冷ましてから
ぬります

焼きざけ オーロラソースがけ

材料（1人分）

生ざけ…1切れ
塩、こしょう…各少量
A［トマトケチャップ…大さじ1
　 マヨネーズ…大さじ½
油…小さじ1

作り方

1. さけは水けをふき、2等分に切って塩、こしょうをふる。
2. フライパンに油を弱めの中火で熱し、**1**の皮を下にして入れ、2分ほど焼く。焼き色がついたら裏返し、ふたをして弱火で1分焼く。
3. バットに取り出して冷まし、混ぜた**A**をぬる。ソースは別添えにしても。

焼きざけ
ごまみそがらめ
→P.74

チンゲン菜の豆板醤和え
→P.87

チンゲン菜のかわりに
小松菜でも

ご飯
しば漬け

焼きざけ
のりじょうゆ
→P.74

豆苗のちくわ和え
→P.90

のりは冷めると
しっとりし、
香りが広がります

塩昆布卵焼き
→P.105

ご飯
小梅の梅干し

切り身のまま
ドンとご飯に。
チーズがおいしそう

赤パプリカの
カレーマヨ和え
→ P.91

焼きざけ
チーズのっけ
→ P.75

ご飯

さやいんげんの
じゃこ梅和え
→ P.89

じゃがいもの
ごまみそ和え
→ P.94

ブロッコリーの
粒マスタードマヨ
→ P.84

オイスター
ケチャップ味玉
→ P.108

味玉は
好みのもので

焼きざけ
オーロラ
ソースがけ
→ P.75

ご飯

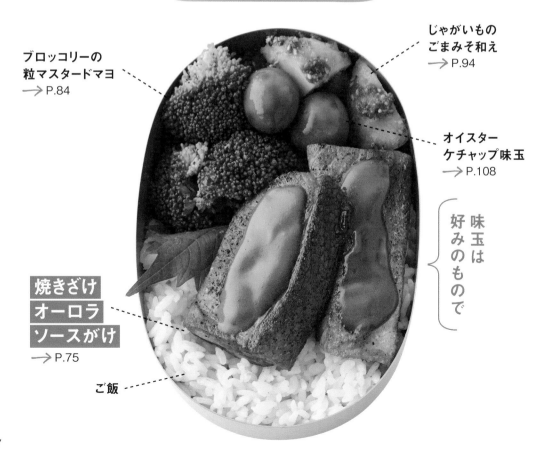

お弁当
Column 1

おすすめの道具

忙しい朝に、手早く作るための調理道具と小道具です。

焼いたり、炒めたりはもちろん、「鶏そぼろ」のような煮ものもフライパンでOK。

揚げ物も少ない油でできる。ただ温度が上がりやすく、中まで火が通る前に表面が焦げやすいので、温度の上がりすぎに注意して。

卵焼き器

卵1個でもふっくらと焼けるように、卵焼き器も小さめ（約18×12㎝）のフッ素樹脂加工のものがおすすめ。また、フライパンとして使ってもよく、卵焼きを作ったらさっとふいて主菜を作れば無駄がありません。

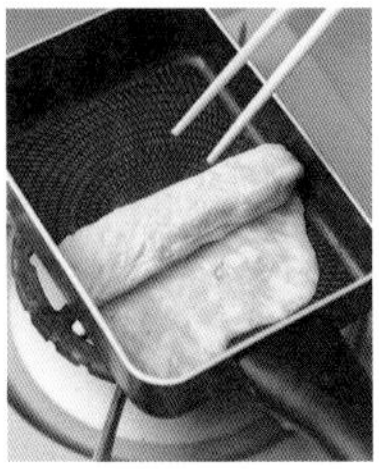

卵1個分の卵液は、2回に分けて流し入れて焼き上げる。

小さめのフライパン

1人分を作るためには、やや小さめのフッ素樹脂加工のフライパン（直径18〜20㎝）がおすすめです。この本の主菜は、すべてこのフライパンを使用しています。蒸し焼きができるように、ふたも準備します。

ペーパータオル

おかずの汁けをきるのに欠かせないペーパータオル。そのほか、粉をまぶすときにまな板にのせてその上で作業したり、焼き上げた卵焼きを巻いて形を整えたりと、いろいろ使えます。

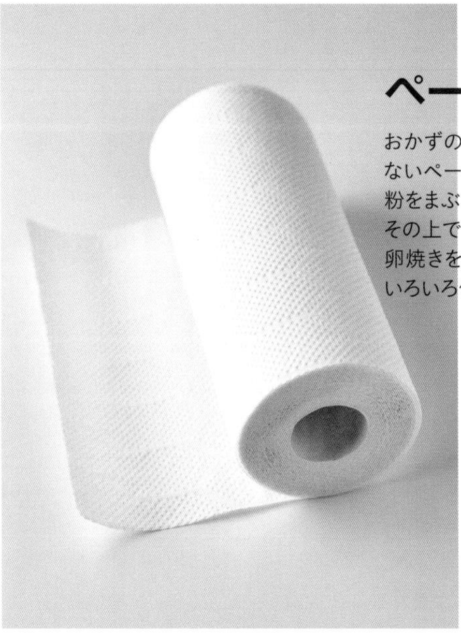

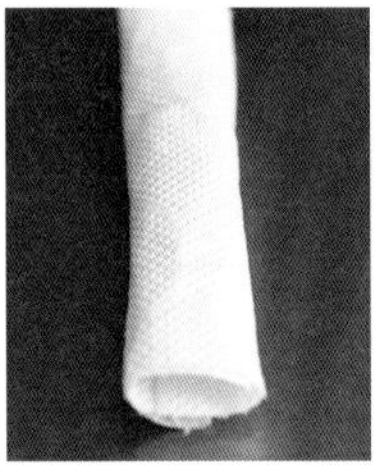

卵焼きを巻いて冷めるまでおくと形が整う。

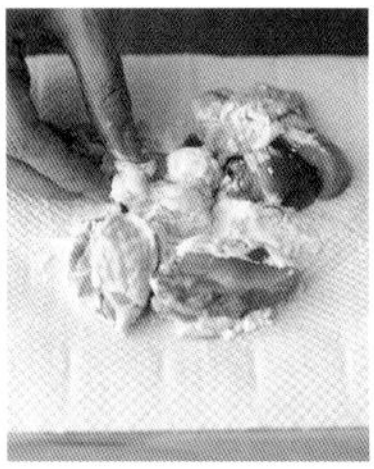

粉をまぶしたあとはペーパータオルを捨てれば片づけ完了。

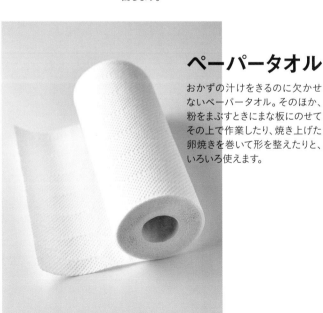

お弁当
Column 2

あると便利な食材

すき間埋めや、味変のためのトッピングは
何種類か準備しておくと助かります。

乾物&漬けもの

ごまや塩昆布、桜えびなどの乾物は白いご飯にパラリとふるだけで、おいしさ感がアップします。また、塩もみ野菜にふって味変するためにも使えます。よく使うものを小さな容器に入れ、お弁当セットとして準備しておくとすぐに取り出せて時短になります。

ミニトマト

どうしてもすき間が埋まらないときに、また彩りが寂しいとき、やはりミニトマトの出番。傷みやすいので、お弁当には必ずヘタを除いて詰めます。

|常温保存できるもの|

上段左から塩昆布(細切り)、桜えび、粉チーズ、カットわかめ、黒炒りごま、白すりごま、削り節、白炒りごま、小梅の梅干し。カットわかめは、汁けが多いおかずの下に入れると汁けを吸ってくれる。

|冷蔵保存するもの|

たくあん、ちりめんじゃこ、しば漬け。たくあんは大きめに切ってすき間埋めに使っても。

お弁当箱のこと

この本で使用したお弁当箱は500〜600mℓのもの。幼稚園児や食べ盛りの男子学生以外なら、ちょうどいいサイズです。お弁当箱の容量と、完成したお弁当の総カロリーはほぼ同じなので、買い求めるときの目安にしてください。

2章

レンチンと塩もみの野菜のおかず

メインのおかずに添えたい野菜のおかずは、
短時間でできる電子レンジが主役です。
煮ものもさっとできるし、和えものは色鮮やかに仕上がります。
野菜は色分けしてあるので、
バランスを見て**色で選んで**もいいですね。
また、**薄く塩をした塩もみ野菜**は作りおきすると
「時間がない！」というときに助かります！

ブロッコリーは
マヨ味。
最強のおかず！

レンチン野菜

レンチンのポイント

- ●電子レンジは**600Wを使用**。加熱時間は野菜の重さ、切り方で変わってきますので**下記を参考にしてください**。
- ●**野菜の重量は、皮や根元などを除いた正味**のものです。
- ●お弁当箱に詰める前に、必ず冷まして水けや汁けをきります。

緑系

さやいんげん

分量　4～5本（30g）
切り方　3～4等分に切る。

小松菜

分量　40g
切り方　3cm長さに切る。

豆苗

分量　20g
切り方　3等分に切る。

チンゲン菜

分量　縦¼株（30g）
切り方　2cm長さに切り、根元は縦3～4等分に切る。

ブロッコリー

分量　3房（50g）
切り方　小房に分ける。

オクラ

分量　2本（20g）
切り方　ヘタを切り落とし、斜め3等分に切る。

ピーマン

分量　1個（30g）
切り方　縦4等分に切り、さらに斜め半分に切る。

キャベツ

分量　60g
切り方　2cm角に切る。

赤系

さつまいも

分量 50g

切り方 皮つきのまま5㎜幅の
いちょう切りにする。

かぼちゃ

分量 70g

切り方 5㎜幅に切り、
長さを3〜4等分に切る。

にんじん

分量 ⅕本(30g)

切り方 5㎜幅の輪切りにする。

赤パプリカ

分量 ¼個(40g)

切り方 縦半分に切り、
さらに斜め3等分に切る。

白・茶系

しめじ

分量 40g

切り方 根元を切り落とし、ほぐす。

なす

分量 1本(90g)

切り方 ヘタを切り落とし、
縦半分に切る
(加熱後料理に合わせて切る)。

じゃがいも

分量 1個(120g)

切り方 皮つきのまま半分に切る
(加熱後料理に合わせて切る)。

エリンギ

分量 1本(40g)

切り方 縦半分に切って横1㎝幅に、
頭は4つに切る。

れんこん

分量 60g

切り方 5㎜幅のいちょう切りにする。

もやし

分量 50g

ブロッコリー

歯ごたえよくかためにレンチン

梅マヨ

材料 (1人分)

ブロッコリー…3房(50g)

A
- 練り梅…小さじ½
- マヨネーズ…小さじ1

作り方

1 耐熱ボウルにブロッコリー、水大さじ1を入れ、ふんわりとラップをし、電子レンジで1分加熱。水に取って冷まし、ペーパータオルに房を下にしてのせて水けをきる。

2 つぼみの裏にAを入れる。

粒マスタードマヨ

材料 (1人分)

ブロッコリー…3房(50g)

A
- 粒マスタード…小さじ½
- マヨネーズ…小さじ1

作り方

1 耐熱ボウルにブロッコリー、水大さじ1を入れ、ふんわりとラップをし、電子レンジで1分加熱。水に取って冷まし、ペーパータオルに房を下にしてのせて水けをきる。

2 つぼみの裏にAを入れる。

めんつゆマヨ

材料 (1人分)

ブロッコリー…3房(50g)

めんつゆ(3倍濃縮)…小さじ1

マヨネーズ…小さじ1

作り方

1 耐熱ボウルにブロッコリー、水大さじ1を入れ、ふんわりとラップをし、電子レンジで1分加熱。水に取って冷まし、ペーパータオルに房を下にしてのせて水けをきる。

2 つぼみの裏にマヨネーズをしぼり、詰めてからつぼみにめんつゆをかける。

ごまみそマヨ

材料 (1人分)

ブロッコリー…3房(50g)

A
- みそ…小さじ1
- 白すりごま…小さじ2

マヨネーズ…約小さじ1

作り方

1 耐熱ボウルにブロッコリー、水大さじ1を入れ、ふんわりとラップをし、電子レンジで1分加熱。水に取って冷まし、ペーパータオルに房を下にしてのせて水けをきる。

2 つぼみの裏に混ぜたAを入れ、マヨネーズをしぼる。

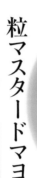

キャベツ

やわらかくしっとり煮ものに

ごまみそ煮

材料（1人分）

キャベツ…60g

A
- みそ…大さじ1
- みりん…大さじ½
- 水…大さじ2

白すりごま…大さじ1

作り方

1. キャベツは2cm角に切る。
2. 耐熱ボウルにA、キャベツの順に入れ、ふんわりとラップをし、電子レンジで2分加熱。すりごまを加えて全体を混ぜ、冷めるまでおく。汁けをきって詰める。

油揚げの煮もの

材料（1人分）

キャベツ…60g

油揚げ…¼枚

A
- めんつゆ（3倍濃縮）…大さじ½
- 水…大さじ3

作り方

1. キャベツは2cm角に切る。油揚げは1cm角に切る。
2. 耐熱ボウルにAを入れ、油揚げ、キャベツの順に入れ、ふんわりとラップをし、電子レンジで2分加熱。さっと全体を混ぜ、冷めるまでおく。汁けをきって詰める。

ポン酢煮

材料（1人分）

キャベツ…60g

A
- ツナ缶（オイル漬け）…30g
- ポン酢しょうゆ…大さじ2
- みりん…大さじ1
- 水…大さじ1

作り方

1. キャベツは2cm角に切る。
2. 耐熱ボウルにA、キャベツの順に入れ、ふんわりとラップをし、電子レンジで2分加熱。さっと混ぜて、冷めるまでおく。汁けをきって詰める。

おかかめんつゆ煮

材料（1人分）

キャベツ…60g

削り節…½袋（1g）

A
- めんつゆ（3倍濃縮）…大さじ½
- 水…大さじ3

作り方

1. キャベツは2cm角に切る。
2. 耐熱ボウルににA、削り節、キャベツの順に入れ、ふんわりとラップをし、電子レンジで2分加熱。さっと混ぜ、冷めるまでおく。汁けをきって詰める。

※電子レンジは600Wを使用しています。

小松菜

青菜は油で和えると冷めてもおいしい！

ごまめんつゆ和え

材料（1人分）

小松菜…40g

A
- 白すりごま…小さじ½
- めんつゆ（3倍濃縮）…小さじ1
- オリーブ油または ごま油…小さじ½

作り方

1. 小松菜は3cm長さに切って耐熱ボウルに入れ、水大さじ1を加える。ふんわりとラップをし、電子レンジで1分加熱。
2. 水に取って冷まし、水けをしぼり、Aで和える。

塩昆布和え

材料（1人分）

小松菜…40g

A
- 塩昆布…小さじ1
- オリーブ油または ごま油…小さじ½

作り方

1. 小松菜は3cm長さに切って耐熱ボウルに入れ、水大さじ1を加える。ふんわりとラップをし、電子レンジで1分加熱。
2. 水に取って冷まし、水けをしぼり、Aで和える。

じゃこめんつゆ和え

材料（1人分）

小松菜…40g

A
- ちりめんじゃこ…小さじ1
- めんつゆ（3倍濃縮）…小さじ1
- オリーブ油または ごま油…小さじ½

作り方

1. 小松菜は3cm長さに切って耐熱ボウルに入れ、水大さじ1を加える。ふんわりとラップをし、電子レンジで1分加熱。
2. 水に取って冷まし、水けをしぼり、Aで和える。

粉チーズ和え

材料（1人分）

小松菜…40g

A
- 粉チーズ…小さじ1
- 塩、こしょう…各少量
- オリーブ油…小さじ½

作り方

1. 小松菜は3cm長さに切って耐熱ボウルに入れ、水大さじ1を加える。ふんわりとラップをし、電子レンジで1分加熱。
2. 水に取って冷まし、水けをしぼり、Aで和える。

チンゲン菜

水に取って色よく仕上げて

桜えび酢じょうゆ和え

材料（1人分）

チンゲン菜…縦¼株（30g）

A
- 桜えび…ひとつまみ
- しょうゆ…小さじ½
- 酢…小さじ½
- ごま油またはオリーブ油…小さじ½

作り方

1. チンゲン菜は2㎝長さに切り、根元は縦3〜4等分に切る。耐熱ボウルに入れ、水大さじ1を加える。ふんわりとラップをし、電子レンジで1分加熱。
2. 水に取って冷まし、水けをしぼり、Aで和える。

ザーサイ和え

材料（1人分）

チンゲン菜…縦¼株（30g）

A
- 味つきザーサイ（粗く刻む）…10g
- 塩…少量
- ごま油…小さじ½

作り方

1. チンゲン菜は2㎝長さに切り、根元は縦3〜4等分に切る。耐熱ボウルに入れ、水大さじ1を加える。ふんわりとラップをし、電子レンジで1分加熱。
2. 水に取って冷まし、水けをしぼり、Aで和える。

しょうが和え

材料（1人分）

チンゲン菜…縦¼株（30g）

A
- おろししょうが…小さじ¼
- 塩…少量
- ごま油…小さじ½

作り方

1. チンゲン菜は2㎝長さに切り、根元は縦3〜4等分に切る。耐熱ボウルに入れ、水大さじ1を加える。ふんわりとラップをし、電子レンジで1分加熱。
2. 水に取って冷まし、水けをしぼり、Aで和える。

豆板醤和え

材料（1人分）

チンゲン菜…縦¼株（30g）

A
- 豆板醤…小さじ¼
- めんつゆ（3倍濃縮）…小さじ1
- ごま油…小さじ½

作り方

1. チンゲン菜は2㎝長さに切り、根元は縦3〜4等分に切る。耐熱ボウルに入れ、水大さじ1を加える。ふんわりとラップをし、電子レンジで1分加熱。
2. 水に取って冷まし、水けをしぼり、Aで和える。

※電子レンジは600Wを使用しています。

ピーマン

軽くレンチンして和えものが美味

粉チーズ和え

材料（1人分）

ピーマン…1個（30g）

A
- 粉チーズ…小さじ1
- 塩、こしょう…各少量
- オリーブ油…小さじ½

作り方

1. ピーマンは縦4等分に切り、さらに斜め半分に切る。耐熱ボウルに入れ、水大さじ1を加え、ふんわりとラップをし、電子レンジで40秒加熱。
2. 水に取って冷まし、水けをきり、Aで和える。

梅塩麹和え

材料（1人分）

ピーマン…1個（30g）

A
- 練り梅…小さじ½
- 塩麹…小さじ½

作り方

1. ピーマンは縦4等分に切り、さらに斜め半分に切る。耐熱ボウルに入れ、水大さじ1を加え、ふんわりとラップをし、電子レンジで40秒加熱。
2. 水に取って冷まし、水けをきり、Aで和える。

すりごまめんつゆ和え

材料（1人分）

ピーマン…1個（30g）

A
- 白すりごま…小さじ1
- めんつゆ（3倍濃縮）…小さじ1

作り方

1. ピーマンは縦4等分に切り、さらに斜め半分に切る。耐熱ボウルに入れ、水大さじ1を加え、ふんわりとラップをし、電子レンジで40秒加熱。
2. 水に取って冷まし、水けをきり、Aで和える。

おかかめんつゆ和え

材料（1人分）

ピーマン…1個（30g）

A
- 削り節…½袋（1g）
- めんつゆ（3倍濃縮）…小さじ1

作り方

1. ピーマンは縦4等分に切り、さらに斜め半分に切る。耐熱ボウルに入れ、水大さじ1を加え、ふんわりとラップをし、電子レンジで40秒加熱。
2. 水に取って冷まし、水けをきり、Aで和える。

さやいんげん

歯ごたえよく仕上げてアクセントに

おかかめんつゆ和え

材料（1人分）

さやいんげん
…4〜5本（30g）

A
- 削り節…½袋（1g）
- めんつゆ（3倍濃縮）
…小さじ1

作り方

1 いんげんは3〜4等分に切る。耐熱ボウルに入れ、水大さじ1を加え、ふんわりとラップをし、電子レンジで1分加熱。

2 水に取って冷まし、水けをきり、Aで和える。

すりごまめんつゆ和え

材料（1人分）

さやいんげん
…4〜5本（30g）

A
- 白すりごま…小さじ1
- めんつゆ（3倍濃縮）
…小さじ1

作り方

1 いんげんは3〜4等分に切る。耐熱ボウルに入れ、水大さじ1を加え、ふんわりとラップをし、電子レンジで1分加熱。

2 水に取って冷まし、水けをきり、Aで和える。

じゃこ梅和え

材料（1人分）

さやいんげん
…4〜5本（30g）

A
- ちりめんじゃこ
…小さじ1
- 練り梅…小さじ1
- 油…小さじ½

作り方

1 いんげんは3〜4等分に切る。耐熱ボウルに入れ、水大さじ1を加え、ふんわりとラップをし、電子レンジで1分加熱。

2 水に取って冷まし、水けをきり、Aで和える。

カレーウスター和え

材料（1人分）

さやいんげん
…4〜5本（30g）

A
- ウスターソース
…小さじ1
- カレー粉…ひとつまみ
- 塩…少量

作り方

1 いんげんは3〜4等分に切る。耐熱ボウルに入れ、水大さじ1を加え、ふんわりとラップをし、電子レンジで1分加熱。

2 水に取って冷まし、水けをきり、Aで和える。

 ※電子レンジは600Wを使用しています。

豆苗

正味20gは約⅙パック

ちくわ和え

材料（1人分）

豆苗…20g

A
- ちくわ（縦半分にし横薄切り）…¼本
- 塩、こしょう…各少量
- ごま油…小さじ½

作り方

1. 豆苗は3等分に切る。耐熱ボウルに入れ、水大さじ1を加え、ふんわりとラップをし、電子レンジで30秒加熱。
2. 水に取って冷まし、水けをしぼり、Aで和える。

ツナ和え

材料（1人分）

豆苗…20g

A
- ツナ缶（オイル漬け）…20g
- 塩、こしょう…少量

作り方

1. 豆苗は3等分に切る。耐熱ボウルに入れ、水大さじ1を加え、ふんわりとラップをし、電子レンジで30秒加熱。
2. 水に取って冷まし、水けをしぼり、Aで和える。

オクラ

夏に活躍する緑野菜

ゆずこしょう和え

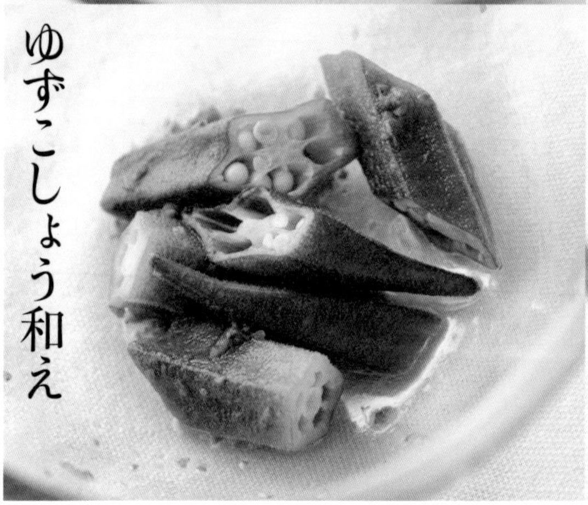

材料（1人分）

オクラ…2本（20g）

A
- ゆずこしょう…小さじ½
- ごま油またはオリーブ油…小さじ½

作り方

1. オクラはヘタを切り落とし、斜め3等分に切る。耐熱ボウルに入れ、水大さじ1を加え、ふんわりとラップをし、電子レンジで40秒加熱。
2. 水に取って冷まし、水けをきり、Aで和える。

おかかめんつゆ和え

材料（1人分）

オクラ…2本（20g）

A
- 削り節…½袋（1g）
- めんつゆ（3倍濃縮）…小さじ1

作り方

1. オクラはヘタを切り落とし、斜め3等分に切る。耐熱ボウルに入れ、水大さじ1を加え、ふんわりとラップをし、電子レンジで40秒加熱。
2. 水に取って冷まし、水けをきり、Aで和える。

赤パプリカ

水けが出にくいのでお弁当向き野菜

ケチャップ和え

材料（1人分）

赤パプリカ…¼個（40g）

A
- トマトケチャップ…大さじ½
- 塩、こしょう…各少量

作り方

1. パプリカは縦半分に切り、さらに斜め3等分に切る。耐熱ボウルに入れ、水大さじ1を加え、ふんわりとラップをし、電子レンジで30秒加熱。
2. 水に取って冷まし、水けをきり、Aで和える。

粉チーズ和え

材料（1人分）

赤パプリカ…¼個（40g）

A
- 粉チーズ…小さじ1
- 塩、こしょう…各少量
- オリーブ油…小さじ½

作り方

1. パプリカは縦半分に切り、さらに斜め3等分に切る。耐熱ボウルに入れ、水大さじ1を加え、ふんわりとラップをし、電子レンジで30秒加熱。
2. 水に取って冷まし、水けをきり、Aで和える。

カレーマヨ和え

材料（1人分）

赤パプリカ…¼個（40g）

A
- マヨネーズ…大さじ½
- カレー粉…小さじ⅓
- 塩…少量

作り方

1. パプリカは縦半分に切り、さらに斜め3等分に切る。耐熱ボウルに入れ、水大さじ1を加え、ふんわりとラップをし、電子レンジで30秒加熱。
2. 水に取って冷まし、水けをきり、Aで和える。

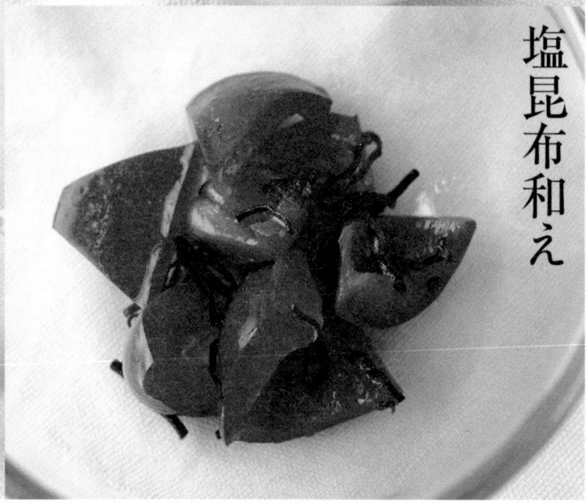

塩昆布和え

材料（1人分）

赤パプリカ…¼個（40g）

A
- 塩昆布…小さじ1
- ごま油…小さじ½

作り方

1. パプリカは縦半分に切り、さらに斜め3等分に切る。耐熱ボウルに入れ、水大さじ1を加え、ふんわりとラップをし、電子レンジで30秒加熱。
2. 水に取って冷まし、水けをきり、Aで和える。

※電子レンジは600Wを使用しています。

かぼちゃ

やわらかくなったか確認して

マヨサラダ

材料（1人分）

かぼちゃ…70g

A
- マヨネーズ…大さじ1
- 粒マスタード…小さじ½
- 塩、こしょう…各少量

作り方

1. かぼちゃは5㎜幅に切り、長さを3〜4等分に切る。耐熱ボウルに入れ、水大さじ1を加え、ふんわりとラップをし、電子レンジで2分加熱。
2. 冷めるまでおいて水けをきり、Aで和える。

めんつゆ煮

材料（1人分）

かぼちゃ…70g

A
- めんつゆ（3倍濃縮）…小さじ1
- 砂糖…小さじ2
- 水…大さじ2

作り方

1. かぼちゃは5㎜幅に切り、長さを3〜4等分に切る。
2. 耐熱ボウルに1、Aを入れてふんわりとラップをし、電子レンジで2分加熱。冷めるまでおき、汁けをきって詰める。

ハニーマスタード和え

材料（1人分）

かぼちゃ…70g

A
- ミックスナッツ（粗く刻む）…5個
- はちみつ…小さじ2
- 粒マスタード…小さじ1
- 塩、こしょう…各少量
- オリーブ油…小さじ½

作り方

1. かぼちゃは5㎜幅に切り、長さを3〜4等分に切る。耐熱ボウルに入れ、水大さじ1を加え、ふんわりとラップをし、電子レンジで2分加熱。
2. 冷めるまでおいて水けをきり、Aで和える。

粉チーズ和え

材料（1人分）

かぼちゃ…70g

A
- 粉チーズ…小さじ1
- 塩、こしょう…各少量

作り方

1. かぼちゃは5㎜幅に切り、長さを3〜4等分に切る。耐熱ボウルに入れ、水大さじ1を加え、ふんわりとラップをし、電子レンジで2分加熱。
2. 冷めるまでおいて水けをきり、Aで和える。

にんじん

彩りが欲しいときに重宝します

ハーブオイルマリネ

材料（1人分）

にんじん…⅕本（30g）

A
- オレガノ（ドライ）または好みのハーブ…少量
- 塩…少量

オリーブ油…小さじ1

作り方

1. にんじんは5㎜幅の輪切りにする。耐熱ボウルに入れ、Aを加え、ふんわりとラップをし、電子レンジで1分加熱。
2. オリーブ油を混ぜ、冷めるまでおく。

バターめんつゆ煮

材料（1人分）

にんじん…⅕本（30g）

A
- めんつゆ（3倍濃縮）…小さじ1
- 水…大さじ½

バター…5g

作り方

1. にんじんは5㎜幅の輪切りにする。耐熱ボウルに入れ、Aを加え、ふんわりとラップをし、電子レンジで1分加熱。
2. バターを混ぜ、冷めるまでおき、汁けをきって詰める。

さつまいも

色よく、栄養もあるので皮つきで

塩バター和え

材料（1人分）

さつまいも…50g

A
- 塩…ひとつまみ
- バター…5g

作り方

1. さつまいもは皮つきのまま5㎜幅のいちょう切りにする。耐熱ボウルに入れ、水大さじ1を加え、ふんわりとラップをし、電子レンジで2分加熱。
2. 冷めるまでおいて水けをきり、Aで和える。

ごまみそ和え

材料（1人分）

さつまいも…50g

A
- 白すりごま…小さじ1
- みそ…大さじ½
- 砂糖…小さじ½

作り方

1. さつまいもは皮つきのまま5㎜幅のいちょう切りにする。耐熱ボウルに入れ、水大さじ1を加え、ふんわりとラップをし、電子レンジで2分加熱。
2. 冷めるまでおいて水けをきり、Aで和える。

※電子レンジは600Wを使用しています。

じゃがいも

皮つきでレンチンがおいしく手間なし

ごまみそ和え

材料（1人分）

じゃがいも…1個（120g）

A
- 白すりごま…小さじ1
- みそ…大さじ½
- オリーブ油…小さじ1

作り方

1. じゃがいもは皮つきのまま半分に切り、水にくぐらせ、くっつけて元の形にし、ラップで包む。電子レンジで3分30秒加熱。
2. 1切れを4等分に切って皮をむき、Aで和える。

ポテトサラダ

材料（1人分）

じゃがいも…1個（120g）

A
- ホールコーン（缶詰。汁けをきる）…30g
- マヨネーズ…大さじ1
- 塩…ひとつまみ
- こしょう…少量

作り方

1. じゃがいもは皮つきのまま半分に切り、水にくぐらせ、くっつけて元の形にし、ラップで包む。電子レンジで3分30秒加熱。
2. 皮をむき、ボウルに入れてつぶし、Aで和える。

もやし

水けが出るので冷ましてから和えて

ツナカレー和え

材料（1人分）

もやし…50g

A
- ツナ缶（オイル漬け）…20g
- カレー粉…小さじ¼
- 塩…少量

作り方

1. もやしは耐熱ボウルに入れ、水大さじ1を加え、ふんわりとラップをし、電子レンジで40秒加熱。
2. 水にとって冷まして水けをきり、Aで和える。

ナムル

材料（1人分）

もやし…50g

A
- 白いりごま、塩…各少量
- ごま油…小さじ½

作り方

1. もやしは耐熱ボウルに入れ、水大さじ1を加え、ふんわりとラップをし、電子レンジで40秒加熱。
2. 水にとって冷まして水けをきり、Aで和える。

なす

レンチン後に切ってうまみを残して

青じそポン酢和え

材料 （1人分）

なす…1本（90g）

A
- ポン酢しょうゆ…小さじ2
- 塩…少量
- 青じそ（縦半分に切って細切り）…1枚

作り方

1 なすはヘタを切り落とし、縦半分に切る。水にくぐらせ、くっつけて元の形にし、ラップで包む。電子レンジで1分30秒加熱。ラップのまま水につけて冷ます。

2 横7㎜幅に切り、Aで和える。

しょうがめんつゆ和え

材料 （1人分）

なす…1本（90g）

A
- おろししょうが…小さじ½
- めんつゆ（3倍濃縮）…小さじ1

作り方

1 なすはヘタを切り落とし、縦半分に切る。水にくぐらせ、くっつけて元の形にし、ラップで包む。電子レンジで1分30秒加熱。ラップのまま水につけて冷ます。

2 横7㎜幅に切り、Aで和える。

梅マヨ和え

材料 （1人分）

なす…1本（90g）

A
- 練り梅…小さじ1
- マヨネーズ…小さじ1

作り方

1 なすはヘタを切り落とし、縦半分に切る。水にくぐらせ、くっつけて元の形にし、ラップで包む。電子レンジで1分30秒加熱。ラップのまま水につけて冷ます。

2 横7㎜幅に切り、Aで和える。

粉チーズ和え

材料 （1人分）

なす…1本（90g）

A
- 粉チーズ…小さじ1
- オリーブ油…小さじ1

作り方

1 なすはヘタを切り落とし、縦半分に切る。水にくぐらせ、くっつけて元の形にし、ラップで包む。電子レンジで1分30秒加熱。ラップのまま水につけて冷ます。

2 横7㎜幅に切り、Aで和える。

 ※電子レンジは600Wを使用しています。

れんこん

歯ごたえがアクセントに

ピリ辛煮

材料 (1人分)

れんこん…60g

A
- 豆板醤…小さじ½
- しょうゆ…大さじ½
- みりん…大さじ1
- ごま油…小さじ1
- 水…大さじ2

作り方

1 れんこんは5㎜幅のいちょう切りにし、さっと水にさらす。

2 耐熱ボウルに入れてAを加え、ふんわりとラップをし、電子レンジで4分加熱。冷まして汁けをきって詰める。

梅和え

材料 (1人分)

れんこん…60g

練り梅…小さじ1

作り方

1 れんこんは5㎜幅のいちょう切りにし、さっと水にさらす。耐熱ボウルに入れ、水大さじ1を加え、ふんわりとラップをし、電子レンジで4分加熱。

2 粗熱をとり、水けをきって練り梅で和える。

おかか塩麴煮

材料 (1人分)

れんこん…60g

A
- 削り節…½袋(1g)
- 塩麴…小さじ2
- みりん…大さじ1
- 水…大さじ2

作り方

1 れんこんは5㎜幅のいちょう切りにし、さっと水にさらす。

2 耐熱ボウルに入れてAを加え、ふんわりとラップをし、電子レンジで4分加熱。冷まして汁けをきって詰める。

塩昆布煮

材料 (1人分)

れんこん…60g

A
- 塩昆布…大さじ1
- しょうゆ…小さじ1
- みりん…大さじ1
- 水…大さじ2

作り方

1 れんこんは5㎜幅のいちょう切りにし、さっと水にさらす。

2 耐熱ボウルに入れてAを加え、ふんわりとラップをし、電子レンジで4分加熱。冷まして汁けをきって詰める。

しめじ

水けをよくきってから和えて

梅おかか和え

材料（1人分）

しめじ…40g

A
- 練り梅…小さじ1
- 削り節…½袋（1g）

作り方

1 しめじはほぐして耐熱ボウルに入れ、水大さじ1を加え、ふんわりとラップをし、電子レンジで1分加熱。

2 水けをきってAで和え、冷ます。

粉チーズ和え

材料（1人分）

しめじ…40g

A
- 粉チーズ…小さじ1
- 塩、こしょう…各少量
- オリーブ油…小さじ½

作り方

1 しめじはほぐして耐熱ボウルに入れ、水大さじ1を加え、ふんわりとラップをし、電子レンジで1分加熱。

2 水けをきってAで和え、冷ます。

エリンギ

冷めるまでおいて味をなじませて

ナムル

材料（1人分）

エリンギ…1本（40g）

A
- 塩、こしょう…各少量
- ごま油…小さじ½

作り方

1 エリンギは縦半分に切って横1cm幅、頭は4つに切る。耐熱ボウルに水大さじ1と入れ、ふんわりとラップをし、電子レンジで1分加熱。

2 Aで和えて冷まし、汁けをきって詰める。

おかかめんつゆ煮

材料（1人分）

エリンギ…1本（40g）

A
- 削り節…½袋（1g）
- めんつゆ（3倍濃縮）…小さじ1
- 水…大さじ2

作り方

1 エリンギは縦半分に切って横1cm幅、頭は4つに切る。

2 耐熱ボウルに入れてAを加え、ふんわりとラップをし、電子レンジで1分加熱。冷まして汁けをきって詰める。

 ※電子レンジは600Wを使用しています。

塩もみ野菜

キャベツ

材料と作り方
(作りやすい分量)

1 **キャベツ150g**は細切りにする。
2 ポリ袋に**塩小さじ¼**とともに入れ、袋をふって塩をなじませ、袋の口を閉じて冷蔵する。

大根

材料と作り方
(作りやすい分量)

1 **大根150g**は皮をむき、半量を5㎜幅のいちょう切りに、半量を5㎜角の拍子木切りにする。
2 ポリ袋に**塩小さじ¼**とともに入れ、袋をふって塩をなじませ、袋の口を閉じて冷蔵する。

きゅうり

材料と作り方
(作りやすい分量)

1 **きゅうり1本**(100g)は薄い輪切りにする。
2 ポリ袋に**塩ひとつまみ**とともに入れ、袋をふって塩をなじませ、袋の口を閉じて冷蔵する。

塩もみのポイント

●**野菜の重量は、皮などを除いた正味**のもの。ポリ袋に入れ、**野菜の重量の約1%の塩**を入れてふればOK。もまなくてもなじみます。
●漬けて3時間から食べられ、保存は**冷蔵で5日間。**
●お弁当箱に詰める前に、必ず水けをきります。
●薄塩なので詰めてからポン酢しょうゆ、削り節、赤じそふりかけ、塩昆布、すりごまなどで味変しても。

かぶ

材料と作り方
（作りやすい分量）

1 **かぶ1個**（90g）は皮をむき、½個は4等分のくし形切りに、½個は5㎜幅のいちょう切りにする。**葉50g**は3㎝長さに切る。
2 ポリ袋に**塩小さじ¼**とともに入れ、袋をふって塩をなじませ、袋の口を閉じて冷蔵する。

にんじん

材料と作り方
（作りやすい分量）

1 **にんじん100g**は皮をむいてスライサーでせん切りにする。
2 ポリ袋に**塩ひとつまみ**とともに入れ、袋をふって塩をなじませ、袋の口を閉じて冷蔵する。

白菜

材料と作り方
（作りやすい分量）

1 **白菜150g**は1㎝幅の細切りにし、長さを3〜4等分に切る。
2 ポリ袋に**塩小さじ¼**とともに入れ、袋をふって塩をなじませ、袋の口を閉じて冷蔵する。

3章

卵1個のおかず

食べきりサイズになるように、**卵1個で作る卵焼きと炒り卵**です。
卵焼きは**小さな卵焼き器**で。
シンプルな塩味、ちょっと甘いものに加え、
具を混ぜたアレンジもたくさん。
炒り卵は、溶いた卵を**電子レンジ**にかけて大きく混ぜればでき上がりです。
人気の味玉は、ぜひ、うずら卵で。味もしみやすいし、
食べる量に合わせて数を調節できるのもいいところ。

卵焼きは
切り口を上に
詰めるときれい

卵焼き

卵焼きのポイント

- **水大さじ1を加える**と焼きやすくなります。
- 焼き上げたらすぐにペーパータオルで巻き、形を整えて冷まします。
- お弁当箱の大きさに合わせて切り分けます。

塩卵焼き

材料（1人分）

卵…1個
A［水…大さじ1
　 塩…ひとつまみ
油…小さじ½

作り方

① 
ボウルに卵を割り入れて、Aを順に加え、よく溶きほぐす。

② 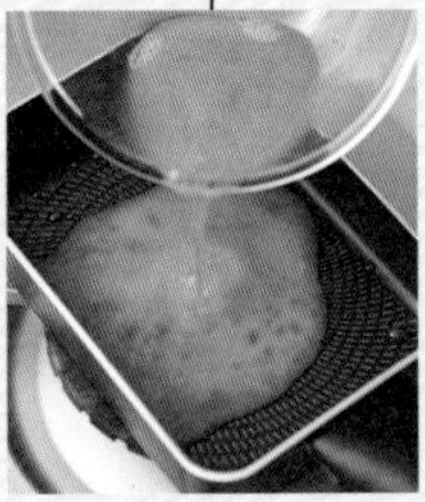
卵焼き器に油を中火で熱し、卵液の半量を流し入れて焼く。

③ 
下が焼けてきたら、くるくると巻く。

④ 
卵を端に寄せ、残りの卵液を流し入れて卵の下にも流し入れる。

⑤ 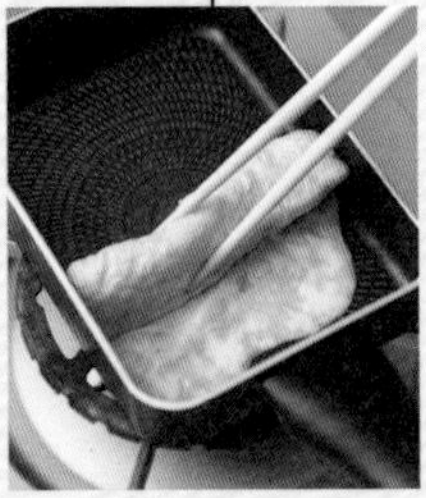
焼けたら、再びくるくると巻く。

⑥ 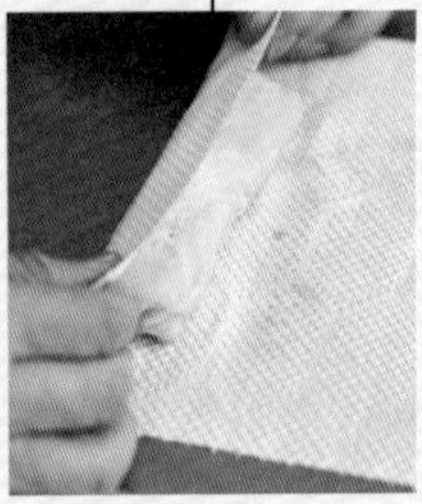
ペーパータオルにのせて巻き、形を整えて冷ます。

卵焼き
アレンジ

甘い卵焼き

材料（1人分）

卵…1個

A
- 水…大さじ1
- 砂糖…小さじ1
- 塩…ひとつまみ

油…小さじ½

作り方

1. ボウルに卵を割り入れて、Aを順に加え、よく溶きほぐす。
2. あとは「塩卵焼き」の作り方2～と同様に作る。

おかかじょうゆ卵焼き

材料（1人分）

卵…1個

A
- 水…大さじ1
- 砂糖…小さじ1
- しょうゆ…小さじ½
- 削り節…½袋（1g）

油…小さじ½

作り方

1. ボウルに卵を割り入れて、Aを順に加え、よく溶きほぐす。
2. あとは「塩卵焼き」の作り方2～と同様に作る。

青のり卵焼き

材料（1人分）

卵…1個

A
- 水…大さじ1
- 砂糖…小さじ1
- しょうゆ…小さじ½
- 青のり…小さじ⅓

油…小さじ½

作り方

1. ボウルに卵を割り入れて、Aを順に加え、よく溶きほぐす。
2. あとは「塩卵焼き」の作り方2～と同様に作る。

卵焼き
アレンジ

細ねぎ卵焼き

材料 (1人分)

卵…1個

A
- 水…大さじ1
- 細ねぎ(小口切り)…1本
- 塩…小さじ¼

油…小さじ½

作り方

① ボウルに卵を割り入れて、Aを順に加え、よく溶きほぐす。

② あとはP.102の「塩卵焼き」の作り方2〜と同様に作る。

ザーサイ卵焼き

材料 (1人分)

卵…1個

A
- 水…大さじ1
- 味つきザーサイ(刻む)…20g
- 塩…少量

ごま油…小さじ½

作り方

① ボウルに卵を割り入れて、Aを順に加え、よく溶きほぐす。

② あとはP.102の「塩卵焼き」の作り方2〜と同様に作る。

チーズ卵焼き

材料 (1人分)

卵…1個

A
- 水…大さじ1
- 塩…少量

スライスチーズ(溶けないタイプ)…1枚

油…小さじ½

作り方

① ボウルに卵を割り入れて、Aを順に加え、よく溶きほぐす。

② 卵焼き器に油を中火で熱し、卵液の半量を流し入れて焼く。

③ 下が焼けてきたらスライスチーズをのせ、くるくると巻く。あとはP.102の「塩卵焼き」の作り方4〜と同様に作る。

塩昆布卵焼き

材料（1人分）

卵…1個

A
- 水…大さじ1
- 塩昆布（細切り）…小さじ1

油…小さじ½

作り方

1. ボウルに卵を割り入れて、Aを順に加え、よく溶きほぐす。
2. あとはP.102の「塩卵焼き」の作り方2〜と同様に作る。

かにかま卵焼き

材料（1人分）

卵…1個

A
- 水…大さじ1
- かにかまぼこ（ほぐす）…1本
- 塩…少量

油…小さじ½

作り方

1. ボウルに卵を割り入れて、Aを順に加え、よく溶きほぐす。
2. あとはP.102の「塩卵焼き」の作り方2〜と同様に作る。

しらす卵焼き

材料（1人分）

卵…1個

A
- 水…大さじ1
- しらす干し…大さじ1
- 塩…少量

油…小さじ½

作り方

1. ボウルに卵を割り入れて、Aを順に加え、よく溶きほぐす。
2. あとはP.102の「塩卵焼き」の作り方2〜と同様に作る。

レンジ炒り卵

炒り卵のポイント

●**電子レンジは600W**を使用。火の通りを必ずチェック。ボウルを揺らし、液体が残るようなら**10秒ずつ加熱**を。
●フォークでほぐしたら、冷めるまでおいて余熱で火を通します。
●炒り卵の大きさは、ほぐし具合で好みの大きさに。

プレーン炒り卵

材料（1人分）

卵…1個
塩…ひとつまみ

作り方

1

耐熱ボウルに卵、塩を入れ、よく溶きほぐす。

2

ふんわりとラップをし、電子レンジで50秒加熱する。

3

フォークで手早くほぐして冷ます。

炒り卵アレンジ

甘い炒り卵

プレーン炒り卵に砂糖小さじ1を加えると甘い炒り卵に！

レンジ炒り卵アレンジ

粉チーズ炒り卵

材料 （1人分）

卵…1個
粉チーズ…大さじ½
塩…少量

作り方

1. 耐熱ボウルに卵、粉チーズ、塩を入れ、よく溶きほぐす。
2. あとは「プレーン炒り卵」作り方2〜と同様に作る。

カレーマヨ炒り卵

材料 （1人分）

卵…1個
A
- カレー粉…小さじ⅓
- マヨネーズ…大さじ½
- 塩、こしょう…各少量

作り方

1. 耐熱ボウルにAを入れて混ぜ、卵を割り入れてよく溶きほぐす。
2. あとは「プレーン炒り卵」作り方2〜と同様に作る。

トマト炒り卵

材料 （1人分）

卵…1個
ミニトマト…2個
塩…ひとつまみ

作り方

1. ミニトマトは4つ割りにし、種を除く。
2. 耐熱ボウルに卵、**1**、塩を入れ、よく溶きほぐす。
3. あとは「プレーン炒り卵」作り方2〜と同様に作る。

うずら卵の味玉

味玉のポイント

●うずら卵は水けをきる。漬けるのはジッパー付きの保存袋やポリ袋がおすすめ。
●お弁当に詰めるときは清潔な箸で取り出し、汁けをきります。
●漬けて3時間から食べられ、**保存は冷蔵で5日間。**

ナンプラーしょうが味玉

材料（作りやすい分量）

ゆでうずら卵…12個
A
- ナンプラー…大さじ1
- おろししょうが…小さじ1
- ごま油…大さじ½
- 水…大さじ1

作り方

保存袋にA、うずら卵の順に入れ、口を閉じて冷蔵する。

オイスターケチャップ味玉

材料（作りやすい分量）

ゆでうずら卵…12個
A
- オイスターソース…大さじ1
- トマトケチャップ…大さじ2

作り方

保存袋にA、うずら卵の順に入れ、口を閉じる。袋の上から軽くもんでなじませ、冷蔵する。

酢じょうゆ味玉

材料（作りやすい分量）

ゆでうずら卵…12個
A
- しょうゆ…大さじ1½
- 酢…大さじ1
- 砂糖…大さじ½
- 水…カップ¼

作り方

保存袋にA、うずら卵の順に入れ、口を閉じて冷蔵する。

めんつゆ味玉

材料（作りやすい分量）

ゆでうずら卵…12個
A
- めんつゆ（3倍濃縮）…大さじ2
- 水…カップ¼

作り方

保存袋にA、うずら卵の順に入れ、口を閉じて冷蔵する。

みそしょうが味玉

材料（作りやすい分量）

ゆでうずら卵…12個
A
- みそ…大さじ1½
- おろししょうが…小さじ1

作り方

保存袋にA、うずら卵の順に入れ、口を閉じる。袋の上から軽くもんでなじませ、冷蔵する。

酢じょうゆ味玉
オイスターケチャップ味玉
ナンプラーしょうが味玉
みそしょうが味玉
めんつゆ味玉

お弁当 Column 3

詰め方と傷み予防

手早く、そして見映えよく詰めるコツをまとめました。お弁当を安心して食べてもらうためのポイントも紹介。

詰め方

①

詰め方

まず、ご飯を詰めます。それからおかず作りにとりかかると、その間にご飯が冷めます。

②

卵焼き

ご飯に味移りしないように青じそを仕切りに敷き、形が決まっている卵焼きを詰めます。切り口を上にするときれい。

傷み予防のポイント

お弁当箱も調理道具も清潔にする

ボウルやまな板などの調理道具やお弁当箱は、雑菌が付着、増殖しないように清潔なものを使います。

中までちゃんと火を通す

生焼けなんてことがないように、肉や魚は中まできちんと火を通します。普段は半熟がおいしい炒り卵も、お弁当用はしっかりと加熱します。

ご飯もおかずも冷ます

ご飯もおかずも、冷ましてからふたをします。温かいままふたをすると水滴がついて、菌が増殖する原因に。

汁けをしっかりきる

水分が多いことも菌が増える原因になります。おかずはペーパータオルの上にのせ、汁けをきってから詰めます。

ブロッコリーはペーパータオルに逆さまにして並べると、つぼみの中の水けが落ちやすい。

紙カップにカットわかめを入れておかずを詰めると、わかめが汁けを吸い、わかめもほどよくもどっておかずの1品に。

3

野菜のおかず

卵焼きと主菜の間に、比較的形が自由になる野菜のおかずを。煮ものなどの汁けがあるものは紙カップに入れます。ここでは野菜全部を詰めないで、8割くらいを目安に。

4

主菜

最後に主菜です。空いたところにギュッと並べます。

5

すき間チェック

おかずをすべて詰めたら、すき間チェック。すき間があれば残した野菜のおかずを入れます。ここではブロッコリーをもう1房追加。ない場合はミニトマトや漬けものですき間埋めを。

完成!

お好みで炒りごまや塩昆布をご飯にトッピングしても。

仕切りには

ご飯とおかずの仕切りには、葉ものを使います。食べることができるのでムダにならず、緑がアクセントに。さらにどうしても汁けが出るおかずは、紙製のカップに入れましょう。

紙カップ

いろいろな素材があるが、使い捨てできる紙製が衛生的。

青じそ・リーフレタス

しっかり水けをふいてから詰める。青じそは殺菌効果もあっておすすめ。

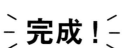

STAFF
撮影　鈴木泰介
スタイリング　大畑純子
デザイン　野澤享子（パーマネント・イエロー・オレンジ）
調理アシスタント　岡田みなみ
校閲　聚珍社
編集・構成　相沢ひろみ
企画・編集　小林弘美（Gakken）
撮影協力　UTUWA　03-6447-0070

料理　**井原裕子**（いはら・ゆうこ）

料理研究家、食生活アドバイザー、野菜ソムリエ。アメリカ、イギリスに8年間暮らし、世界の食に親しむ。季節感を大切にしたていねいな料理から、時短レシピ、健康に配慮したレシピまで幅広くこなす。企業のメニュー開発や、商品開発も多数手がける。最近は地方の食材に興味を持ち、全国の道の駅やスーパー巡りが趣味に。本書では、8年以上にわたる娘のお弁当作りの経験をもとに、素材も手間も省き、朝からでもおいしく作れるお弁当用おかずのレシピを紹介している。

もう悩まない！
弁当は定番おかずのくり返しでいい

2024年 2 月13日　第1刷発行
2024年 4 月22日　第3刷発行

著　者　井原裕子
発行人　土屋 徹
編集人　滝口勝弘
発行所　株式会社Gakken
〒141-8416　東京都品川区西五反田2-11-8
印刷所　大日本印刷株式会社

※この本に関する各種お問い合わせ先
■ 本の内容については下記サイトのお問い合わせフォームよりお願いします。
https://www.corp-gakken.co.jp/contact/
■ 在庫については　TEL03-6431-1250（販売部）
■ 不良品（落丁、乱丁）については　TEL0570-000577
学研業務センター
〒354-0045 埼玉県入間郡三芳町上富279-1
■ 上記以外のお問い合わせは　TEL0570-056-710（学研グループ総合案内）